国家新闻出版署出版融合发展（北师大出版社）重点实验室
重点课题“教育出版融合发展的理论与实践研究”优秀成果
教育类专业“岗课赛证融通”配套教材

U0854176

0~3岁婴幼儿家庭教育与咨询指导

融媒体版

0~3SUI YINGYOU'ER JIATING JIAOYU YU ZIXUN ZHIDAO

主　编：吴洪健　柳铭心
副主编：肖笃森　邱小健　肖明胜
编委会：
吴洪健　柳铭心　肖笃森　邱小健
肖明胜　刘　静　徐田文　汪　芬
李商雨楠

北京师范大学出版集团
BEIJING NORMAL UNIVERSITY PUBLISHING GROUP
北京师范大学出版社

图书在版编目（CIP）数据

0 ~ 3岁婴幼儿家庭教育与咨询指导 / 吴洪健，柳铭心主编 . —北京：北京师范大学出版社，2022.9（2025.1 重印）

ISBN 978-7-303-27677-6

Ⅰ. ① 0… Ⅱ. ①吴… ②柳… Ⅲ. ①婴幼儿 –家庭教育 Ⅳ. ① G781

中国版本图书馆 CIP 数据核字（2022）第 001364 号

---

0 ~ 3 SUI YINGYOU'ER JIATING JIAOYU YU ZIXUN ZHIDAO

出版发行：北京师范大学出版社 https://www.bnupg.com
北京市西城区新街口外大街 12-3 号
邮政编码：100088

印　　刷：鸿博睿特（天津）印刷科技有限公司
经　　销：全国新华书店
开　　本：889 mm × 1194 mm　1/16
印　　张：12
字　　数：260千字
版　　次：2022年9月第1版
印　　次：2025年1月第3次印刷
定　　价：42.80元

策划编辑：姚贵平　余娟平　　　责任编辑：杨磊磊　葛子森
美术编辑：焦　丽　　　　　　　装帧设计：焦　丽
责任校对：陈　荟　　　　　　　责任印制：赵　龙

前　言

婴幼儿是一个个正在成长中的个体，处于身心迅速发展的阶段。婴幼儿时期也是人生的奠基阶段，他们的健康成长是国家和民族的未来与希望。2019 年 5 月，《国务院办公厅关于促进 3 岁以下婴幼儿照护服务发展的指导意见》印发，这是首个国家级的发展指导意见。该指导意见明确了促进婴幼儿照护服务发展的基本原则、发展目标、主要任务、保障措施和组织实施。

家庭是婴幼儿成长的最重要的环境，家长的养育方式直接影响婴幼儿的身心健康、习惯养成、认知发展、社会交往、人格发展，因此家长应注重养育理念和能力的提升。从事或未来从事学前、托育的教师也是婴幼儿成长中的重要他人，需要理解婴幼儿发展的一般规律，掌握促进婴幼儿发展的具体策略和方法。特别是教师还需要具备指导家长的能力，但大部分教师在这方面的能力还存在欠缺。目前开展的一些培训和指导给予教师及家长的支持与帮助还不是很充足，专业资源相对较少，科学性、操作性也有待完善。

为了更好地落实党和国家的教育方针，为婴幼儿创设积极健康的成长环境，我们组建了由高校学者、一线幼儿园教师和托育工作者、社会专业机构工作者组成的团队，共同编写了《0～3 岁婴幼儿家庭教育与咨询指导》一书，。本书围绕着婴幼儿成长 的重要领域和发展阶段，结合对教师和家长的调研，选择共同关注的重要问题展开介绍，同时注重理论与实践 相结合，提供典型案例和解决策略，可以在托育、幼儿园工作、家庭教育中实际应用。

本书共分为十个专题，第一个到第四个专题主要阐述婴幼儿家庭养育指导概述和婴幼儿主要发展领域的养育促进策略，包括婴幼儿成长中的心理需求及其重要性，婴幼儿动作、感知觉、语言、情感、社会性的发展规律及促进，常见的家庭养育方式及其对婴幼儿的影响等内容，可以帮助教师和家长了解婴幼儿的发展概况及掌握基本的养育理念和技能。第五个到第十个专题围绕着教师和家长都普遍关心的问题，如指导家长建立良好的亲子依恋关系、培养婴幼儿良好的习惯、高质量陪伴孩子、帮助孩子更好地适应入园、做好婴幼儿的兴趣启蒙等。第一章由徐田文、邱小健撰稿，吴洪健统稿；第二章由李商雨楠、肖笃森撰稿，吴洪健统稿；第三章由汪芬、柳铭心撰稿，吴洪健统稿；第四章由汪芬、肖明胜撰稿，柳铭心统稿；第五章由汪芬、柳铭心撰稿，吴洪健统稿；第六章由汪芬、柳铭心撰稿，吴洪健统稿；第七章由李商雨楠、肖明胜撰稿，吴洪健统稿；第八章由徐田文、刘静撰稿，柳铭心统稿；第九章由徐田文、邱小健撰稿，吴洪健统稿；第十章由徐田文、肖笃森撰稿，吴洪健统稿。全书由吴洪健、柳铭心整体统稿和审稿。

本书可以作为在读高职学生的教学用书，建议学习 29 课时，也可以作为在职托育教师的继续教育培训 和学习用书，还可以作为家长养育婴幼儿的实践用书。使用者可以结合实际需要，以本书作为专业的资源 库，了解婴幼儿不同阶段的发展特点，理解婴幼儿不同行为背后的心理需求，结合书中提供的方法进行实践 应用。

我们希望本书可以作为一个重要的载体，支持建立学前教师培训和家长能力提升体系，共同促进每一个婴幼儿的健康成长。

目录
CONTENTS

目　录
CONTENTS

专题一
婴幼儿家庭养育的意义

2 岁半的小华最近总是特别“不听话”，之前都是妈妈照顾他，帮助他穿衣服、吃饭，但是最近他总是要自己穿衣服，经常折腾很久也穿不好，如果妈妈帮他穿衣服他就哭闹、打滚，不让妈妈碰；他总是要自己吃饭，却把饭撒得到处都是，妈妈一喂他吃饭他就把头扭到一边，拒绝吃妈妈喂的饭。为此小华的妈妈很头疼，认为小华性情突变、脾气大增，担心他以后不能与人好好相处。

身边几个和小华年龄差不多的孩子，有的跟小华一样，表现出不服管教的行为，但有的孩子仍然很配合家长。小华的妈妈很担心，也有很多困惑：为什么有些孩子以前很听话，现在却突然变得非常执拗、不配合呢？为什么有些孩子还是很听话呢？

后来在一次培训中，小华的妈妈明白了，原来这个阶段的孩子进入了新的发展阶段，开始有了自我意识，很多事情想自己做，但是每个孩子的表现不同。这时小华的妈妈才放下心来，给小华更多选择权。

>> 学习内容

1. 了解婴幼儿不同阶段的特征以及影响婴幼儿发展的主要因素。
2. 理解家庭养育对婴幼儿身心发展的重要意义和奠基作用。
3. 能够指导家长掌握科学养育的基本理念和具体方法。

>> 学习初体验

从身边找 3 位家中有 0 ~ 3 岁婴幼儿的家长进行一个小调查。

1. 在孩子当前的年龄段，家长感到最困惑的表现或问题是什么？
2. 对于孩子的表现或问题，家长是怎样理解的？家长认为其原因是什么？

>> 学习交流

和其他人交流一下你的调查结果。

____

____

>> 知识框架图

- 专题一　婴幼儿家庭养育的意义
  - 理解家庭养育对婴幼儿的重要意义
    - 揭开婴幼儿身心发展的奥秘
    - 理解家庭养育对个体毕生发展的重要意义
  - 指导家长形成科学的养育理念
    - 理解婴幼儿有自己的发展规律和需要
    - 理解婴幼儿是有差异的个体
    - 理解婴幼儿是独立的个体

学习任务 1.1
理解家庭养育对婴幼儿的重要意义

王老师今年刚参加托育工作，带的是 2 岁左右的幼儿。他们的表现很不一样，有的特别依赖家长，有的特别胆小。家长的行为也各不相同。每次接送的时候，家长都会对老师千叮咛万嘱咐："要提醒孩子喝水。""孩子吃饭慢，请老师帮助喂饭。"家长的眼神显得特别焦虑和担心，他们每次接孩子时直接就抱起来，恨不能替孩子做所有的事。

当孩子和其他小朋友发生冲突时，有的家长只特别保护自己的孩子，忽视或责备其他小朋友。王老师每次都会告诉家长，这种处理冲突的方式会影响孩子的发展，但是家长好像并不认同，所以每次沟通的效果都不好。后来王老师想到这可能是因为家长对孩子在不同年龄段的发展特点不够了解，所以就采取了一系列方法。比如，给家长推荐书籍，在班级群里介绍婴幼儿的发展规律和家庭教育的具体策略方法，请家长介绍自己的经验，等等。慢慢地，班里的家长学习到了很多有用的知识和方法，对王老师越来越认可了。

学习任务单

学习目标	1. 了解婴幼儿年龄的划分。 2. 理解婴幼儿身心发展的主要趋势和特点。 3. 理解家庭养育对婴幼儿身心发展的重要意义和奠基作用。
学习要点	1. 婴幼儿不同阶段的发展特点和规律。 2. 家庭养育对婴幼儿全面发展带来的深刻而持久的影响。
学习时数	1 课时
学习建议	学习前：了解身边 0 ～ 3 岁婴幼儿的家长的担心和困惑。 学习中：结合生活中的实例，进行深度理解和学习。 学习后：应用学习到的知识对身边的家长进行有效的指导和建议。
学习运用	在培训和与家长沟通时，以及在具体的托育工作中都可以使用。
学习反思	本部分学习内容让你对婴幼儿的理解有新的启发吗？具体表现在哪些方面？

小知识

婴儿期：从出生到 12 个月末的这一年龄阶段。

幼儿期：1～3 岁的这个时期。

一、揭开婴幼儿身心发展的奥秘

婴幼儿时期是人一生中重要的发展时期，了解婴幼儿身心发展的规律能够帮助我们采取更恰当的方式养育孩子，有助于他们健康成长。

（一）理解婴幼儿身心发展的趋势 >>>>>>>>>>>>>>>>>>>>>>

1. 从简单到复杂

婴幼儿最初的心理活动只是非常简单的反射活动，随着成长变得越来越复杂化。同时，婴幼儿初期的心理活动是笼统的，还没有分化。例如，婴幼儿最初对不同人脸的反应是没有差别的，慢慢地开始能够认出主要养育者并做出不同的反应。

2. 从具体到抽象

婴幼儿最初的心理活动是非常具体的，随着语言和思维的发展会变得越来越抽象、概括。例如，2 岁左右幼儿的思维非常具体，他们认为“儿子”只能是小孩子，不能理解自己的爸爸也是爷爷的“儿子”。

3. 从被动到主动

婴幼儿初期的心理活动由于受到生理制约，主要是无意识的反应，婴幼儿还不能意识到自己心理活动的目的。后来，他们的主动性逐渐发展起来，婴幼儿出现了有个人目的的活动，并且可以自行调节，如对大小便的自主调节等。

相关政策

《全国家庭教育指导大纲（修订）》要求家庭教育指导应依据 0～3 岁儿童的身心发展特点开展。

0～3 岁是身心发展最快的时期。婴幼儿的身高和体重迅速增长，神经系统结构发展迅速；感知觉飞速发展；遵循由头至脚、由大动作至小动作的发展原则，逐步掌握人类行为的基本动作；语言能力迅速发展；表现出一定的交往倾向，乐于探索周围世界；对家长有强烈依赖感；道德发展处于前道德期。

（二）理解婴幼儿身心发展的特点 >>>>>>>>>>>>>>>>>>>>>>

婴幼儿时期是各方面快速发展的阶段，只有理解和把握婴幼儿身心发展的规律，才能为他们提供适宜的成长环境。

1. 顺序性

婴幼儿的身心状态是不断变化、发展的，具有从简单到复杂、从粗大动作到精细动作发展的趋势，并且具有先后顺序。比如，婴幼儿身体生长发育的顺序为：从头到脚，从中轴到边缘，即所谓首尾方向和近远方向。

练一练

找 2～3 位 0～3 岁婴幼儿的家长进行访谈，看看婴幼儿身体发展是否遵循从头到脚的规律？如抬头→会坐→会爬→站立→走路，简单记录你的访谈。

婴幼儿的年龄：____ 性别：____

抬头：__个月 会坐：__个月 会爬：__个月

站立：__个月 走路：__个月

2. 连续性和阶段性

婴幼儿身心发展是一个连续的过程。后一阶段是前一阶段发展的延续，包含了之前发展的痕迹，同时又是下一阶段的开始。

3. 不平衡性和个体差异性

婴幼儿身体和心理各个方面发展的速度快慢不一，不同能力存在发展的关键期或转折期，这就导致婴幼儿身心发展是不平衡的。每个婴幼儿先天的遗传素质存在差别，后天所处的具体环境和家长的养育方式也不尽相同，所以不论是生理发展还是心理发展都具有一定的个体差异性。

（三）了解婴幼儿身心发展的敏感期 >>>>>>>>>>>>>>>>>>>>>>

0～3 岁存在着感官敏感期、动作敏感期、语言敏感期、秩序敏感期等。如果在相应时期能够为婴幼儿提供支持其发展的环境，创造相应的条件和机会，就可以促进婴幼儿更好的发展。

小知识

“敏感期”是指儿童心理发展过程中的某个时期，相对于其他时期，儿童在这一时期更容易学习某种知识和行为，心理过程中的某个方面发展得最为迅速。具体内容参考《蒙台梭利儿童敏感期手册》。

扫码学习“敏感期”

（四）婴幼儿身心发展的影响因素 >>>>>>>>>>>>>>>>>>>>>>>

婴幼儿身心发展是一个多方面因素共同作用的复杂过程，主要有以下影响因素。

1. 生物因素

生物因素是婴幼儿发展的重要基础。其中，遗传素质和成熟极为重要。

遗传素质是指婴幼儿从亲代那里获得的生理解剖方面的生物特点。遗传素质是婴幼儿身心发展的物质前提条件，具有个体差异性，这会导致婴幼儿在发展的过程中有不同的表现。

另外，成熟是推动发展的重要动力，脱离了成熟的条件，学习本身并不能推动发展。例如，训练一个 7 个月的婴儿爬行是可能的，但如果这时训练他走，则由于他的机体构造和机能尚未成熟，不仅不可能，而且无任何益处。

2. 环境因素

人类是具备社会属性的动物，不同社会生活条件会塑造不同的人。后天的教育（家庭教育、学校教育、社会教育）对婴幼儿的心理发展水平起着重要影响作用。比如，家庭教育对婴幼儿的发展具有非常重要的作用。父母的教养方式对婴幼儿的行为方式、性格特质等有直接影响。同样，学校教育和社会教育的因素也会对婴幼儿的发展带来重要影响。

想一想

有的父母认为“没必要与婴幼儿多说话，反正他们听不懂，也不会说”，你觉得这种想法对吗？如果这样做了，会对婴幼儿的发展带来什么影响？

典型案例

1920 年 9 月 19 日，在印度加尔各答西面约 1000 千米的丛林中，发现由狼哺育的两个女孩，年长的 8 岁，年幼的 1.5 岁。她们大概都是在出生后半年被狼衔去的。两人回到人类世界后，都在孤儿院里生活，分别被取名为卡玛拉与阿玛拉。

卡玛拉与阿玛拉不会像人一样走路，而是四肢着地四处跑动。这两个孩子刚被找到的时候一直“像狼一样舔食东西”，吃动物尸体。她们老是撕掉身上的衣服，害怕光亮，白天萎靡不振，午夜之后却变得十分活跃。她们不会人类的语言，而是在夜阑人静后，不时发出阵阵长嚎。阿玛拉不久即死于肾炎，姐姐卡玛拉则活到 1929 年，却始终没有真正学会说话。

想一想

卡玛拉和阿玛拉都是人类，却不会人类的行为方式，也不会说话，这是什么原因导致的呢？

3. 个人特质

婴幼儿因遗传、环境等各方面因素的影响，在个性品质、兴趣爱好、能力、性格、自我意识、心理状态等方面形成了独特的个人特质。例如，有的婴幼儿争强好胜、有的胆小怕事、有的动手能力强、有的言语能力强等。

相关政策

《全国家庭教育指导大纲（修订）》提出了家庭教育指导服务要遵循的核心理念。

1. 家庭教育是学校教育和社会教育的基础。

2. 家庭教育重在教孩子如何做人。

3. 家长是家庭教育的责任主体。

4. 家庭教育是家长和儿童共同成长的过程。

5. 家庭建设是家庭教育的重要保障。

6. 尊重儿童成长规律是家庭教育的前提。

7. 尊重和保护儿童权利是家庭教育的基础。

8. 家庭、学校、社会是促进儿童健康成长的共同体。

小知识

感知觉：主要包括视觉、听觉、触觉、嗅觉、味觉、空间知觉、时间知觉、运动知觉等，是婴幼儿认识世界、认识自我的开端，是获得经验的源泉。

二、理解家庭养育对个体毕生发展的重要意义

家庭是婴幼儿最初的生活和成长环境，对婴幼儿各方面的发展都具有不可替代的深远影响。

（一）家庭养育会影响婴幼儿的身体发育 >>>>>>>>>>>>>>>>>>

婴幼儿时期是身体发育最为迅速的时期，在这个时期婴幼儿往往需要更高的营养水平来满足自身发育的需求。

父母对婴幼儿生长发育的重视情况、科学的养育方式会影响婴幼儿的身体发育，这也是导致婴幼儿身体发育和体质的差异性的重要原因，尤其是母亲的年龄、身体素质、喂养态度、文化程度等都会影响其对婴幼儿的喂养行为。

（二）家庭养育会影响婴幼儿的感知觉发展 >>>>>>>>>>>>>>>>

在婴幼儿成长过程中，感知觉的发展依赖于外界环境丰富的刺激。如果父母能为婴幼儿提供丰富多彩而又适合的生活环境，允许婴幼儿在安全的环境内自由探索，就可以促进婴幼儿感知觉的发展。比如，父母让婴幼儿看到猫咪的颜色、听到猫咪的叫声、看到猫咪的动作，婴幼儿就会在头脑中形成猫咪的总的形象，也就产生了对猫咪的知觉。

反之，有的父母过于担心婴幼儿的安全，不让他们外出，拒绝让他们接触新鲜事物，婴幼儿自由活动和探索的机会有限。这些做法都会在一定程度上剥夺婴幼儿认识和感知外界的机会。婴幼儿在单调、缺乏刺激的环境中成长，会导致他们对外界刺激过于敏感，甚至紧张、孤僻、不合群，害怕陌生环境。与同龄伙伴相比，这类婴幼儿在各方面的发展可能会存在滞后现象。

（三）家庭养育会影响婴幼儿的运动发展 >>>>>>>>>>>>>>>>>>

婴幼儿的大脑需要丰富的环境刺激和体验才能不断成熟、发展。在保障婴幼儿安全的前提下，给婴幼儿做一些运动训练，如辅助婴幼儿翻身、爬行等，给婴幼儿更多体验的机会，能够促进婴幼儿运动功能的发育，进而带动其各方面能力的发展。

反之，如果父母过度保护婴幼儿，过多地限制婴幼儿的活动，都会使他们的大脑发育受到阻碍，导致运动功能落后。

实践应用

观察一下身边的家长：当孩子做一些幅度比较大的身体动作，或者想用嘴、手探索物品，如植物、泥土的时候，家长一般会怎么做？

孩子的动作：

家长的反应：

（四）家庭养育会影响婴幼儿的语言能力发展 >>>>>>>>>>>>>>>

婴幼儿的语言能力发展是从牙牙学语开始的，经历“词—短语—短句—表达一个完整的意思—使用语言的内在功能”这几个阶段。父母在与孩子的互动过程中，如果能够给予孩子充足的、良性的语言刺激，及时对孩子进行语言反馈，不仅可以很好地促进孩子的语言发展，还可以提高孩子的整体智力发育水平。①

例如，父母能够经常陪伴孩子，给孩子介绍超市中的食品，与孩子一起读绘本、一起扮演故事中的角色，在游戏中激发他们主动表达和沟通的欲望，让孩子自由、快乐地表达自己，其语言功能就能得到较好的发展。

（五）家庭养育会影响婴幼儿的人格发展 >>>>>>>>>>>>>>>>>>

人格是某个人表现出来的能力、气质、性格等方面的综合特点。人格的发展离不开家庭的早期影响和培养，幼儿时期人格的发展是个体形成稳定人格的基础。②

家庭环境对幼儿人格的发展具有不可忽视的影响。在家庭中，父母亲角色的表现、亲子关系、子女之间的互动等，都影响着幼儿人格的形成与发展。③

如果家庭成员之间关系和谐，会使得孩子有较高程度的安全感，较强的自尊感和归属感，较强的独立性与和谐的人际关系，有利于孩子情绪稳定、具有同情心。

（六）家庭养育会影响婴幼儿的社会性发展 >>>>>>>>>>>>>>>>

“父母是孩子的第一任老师”，儿童的社会性发展是从家庭开始的，父母的养育方式是影响儿童社会性发展的重要因素。

其一，父母的饮食方式、衣着风格、言行举止、待人接物等对孩子有潜移默化的影响，孩子会在不自觉中去模仿父母的样子。

其二，父母也会有意识地培养孩子形成良好的生活习惯、遵守社会规则的意识、与人交往的礼貌礼仪，以及分享、合作等良好的社会情感和行为，使孩子懂得哪些事情符合社会要求和道德规范，是可以做的；哪些事情与社会准则相悖，是不可以做的。

---

① 周兢、李传江、张义宾：《早期儿童语言发展与脑发育研究的进展》，载《教育生物学杂志》，2016，4（4）。

② 杨若涵：《家庭教育对幼儿人格发展影响的研究》，载《天津市教科院学报》，2017（1）。

③ ［奥］阿德勒：《阿德勒人格哲学》，罗玉林等译，125 页，北京，九州出版社，2004。

因此，父母首先应该以身作则，为孩子的健康成长营造积极向上的家庭氛围；其次还要多鼓励孩子与伙伴交往，教会其处理人际矛盾的方法，等等。这样才能促进孩子的社会性发展。

思考与练习

1. 婴幼儿身心发展包含了几个阶段？
2. 婴幼儿身心发展的特点是什么？
3. 请举例说明敏感期对婴幼儿发展的重要作用。
4. 影响婴幼儿身心发展的主要因素有哪些？
5. 你认为家庭养育对人的成长是否重要？为什么？
6. 有的父母相信“树大自然直”这种说法，你觉得这种说法合理吗？
7. 有的父母要求孩子把玩具摆放整齐，自己却把衣服、鞋随处乱丢，这种做法会对孩子造成什么影响？
8. 有的家庭会出现爸爸对孩子发火，妈妈为孩子辩护的情况，你觉得这种做法正确吗？

学习任务 1.2 指导家长形成科学的养育理念

张老师带的幼儿园里的孩子转眼间快 3 岁了，最近她发现有一些家长在接孩子的时候很着急，使劲催孩子赶紧走。张老师在了解情况后才知道，原来家长给孩子报了各种兴趣班。还有的家长听说孩子的潜能要早点开发，尤其是听到别的家长说“潜能开发对孩子有帮助”，就很着急，也赶紧跟风给自己的孩子报名。也有的家长说给孩子报了兴趣班之后，孩子不愿意、不喜欢，但是家长觉得自己是为孩子好，孩子必须听从自己的安排。

张老师理解家长的心情，在跟家长沟通的过程中发现，家长对孩子的发展阶段和特点并不是很清楚，特别是有些家长觉得别人学什么，自己的孩子也得学什么。为此，张老师专门组织了几次家长会，请相关专家为家长讲座、答疑、提供指导，为家长推荐书籍，慢慢地，家长才恍然大悟。

学习任务单

学习目标	1. 了解家庭养育要遵循婴幼儿的发展规律。 2. 理解婴幼儿是有差异的个体，需要采用不同的养育方式。 3. 理解婴幼儿是独立的个体，要给他们空间。
学习要点	1. 深刻理解婴幼儿的差异性和独立性。 2. 掌握指导家长的具体方法。
学习时数	1 课时
学习建议	学习前：观察家长对待孩子的态度和行为。 学习中：结合观察到的典型案例和本任务中给出的具体方法进行深度学习。 学习后：能够解答家长的疑问并指导家长掌握更科学的养育理念。
学习运用	在培训和与家长沟通时，以及在具体的托育工作中都可以使用。
学习反思	你所观察到的家长对待孩子的态度和行为有哪些普遍的特点？这对你有什么帮助？

一、理解婴幼儿有自己的发展规律和需要

有些家长认为孩子就是缩小版的大人，有些家长认为孩子什么也不懂，还有些家长认为孩子是自己的“附属品”，因此家长只要按照自己的想法去做就行，不用考虑孩子。

（一）指导家长理解婴幼儿有其自身的发展规律 >>>>>>>>>>>>>

1. 理解婴幼儿的普遍发展规律

婴幼儿的生理发展有其自身的规律。发展的前后顺序和方向是固定的，既不能逾越，也不会逆向发展。前期的功能发育为后期的功能发育奠定基础。

婴幼儿的认知方面也有一般性的发展规律和特点。例如，婴幼儿无法理解抽象的词或概念，需要家长给出非常明确的指导。

另外，在心理发展方面，孩子更需要家长的接纳和及时回应，良好的亲子依恋关系是孩子个性发展的前提和基础。

2. 理解婴幼儿在每个阶段有不同的重点发展任务

婴幼儿的发展是连续的，但是在每个阶段也有标志性的重点发展任务。

例如，大部分婴儿在 1 岁以前主要进行身体动作功能的发展，从毫无动作能力到逐渐可以控制自己的四肢，从匍匐爬行再到直立行走，完成了动作功能的一大进步。

在 1 岁前，婴儿的语言功能发展较为缓慢，大多数婴儿在 1 岁时才开始牙牙学语，能说出一些简单的词。所以家长不能急于让孩子在没有准备好的情况下，过早地提前学习，而要在关键发展时期给予孩子适当的指导。

相关政策

“儿童为本原则”和“家长主体原则”是《全国家庭教育指导大纲（修订）》要求家庭教育指导服务应坚持的四大基本原则中的两个。儿童为本原则：尊重儿童身心发展规律和个体差异，创设适合儿童成长的必要条件，保护儿童各项权利，促进儿童自然、全面、充分、个性发展。家长主体原则：确立为家长服务、提供支持的观念，尊重家长意愿，坚持需求导向，调动家长参与的积极性；引导家长注重提升自身素质，注重家庭建设和良好家风传承，促进亲子互动共同提高。

（二）指导家长掌握促进婴幼儿发展的基本方法 >>>>>>>>>>>>

家长理解了婴幼儿的普遍发展规律和各个阶段的重点发展任务，有了这样的基础，就有助于更好地掌握具体的教育方法。

首先，在孩子成长的过程中，家长切不可“拔苗助长”，做一些超出孩子身心发展能力范围或者阻碍孩子身体发展的事情。比如，在孩子身体还未适应的时候，强迫他们走路；或者在孩子能够走路的时候，却一直抱着他们，不舍得让他们自己走。

其次，家长要关注孩子的全面发展，除了给他们提供良好的生活环境、饮食条件之外也要为孩子创造更多的机会参与运动、探索世界，如每天可设定亲子运动时间等。同时，还要给孩子及时的情感回应与交流，让孩子体验到安全感等积极情感。

最后，由于每个孩子都有自己的特点，因此父母要关注孩子在不同阶段的发展情况，教育内容和教育方法要依据孩子的身心特点进行适当调整，不可盲目跟风、攀比或者“一刀切”。

想一想

电影《何以为家》中的小男孩说：“我想指控我的父母，因为他们把我带到了这个世界。”生下孩子却没有好好地养育他，没有给予他良好的家庭环境和教育，造成了电影中的小男孩凄惨的童年。

这个电影对你理解孩子的成长有什么启发？

二、理解婴幼儿是有差异的个体

（一）婴幼儿差异性的表现 >>>>>>>>>>>>>>>>>>>>>>>>>>>>>>>>

“世界上没有两片完全相同的叶子。”对于婴幼儿而言，遗传、环境和教育等种种原因，导致他们身心发展的早晚与速度、发展的优势领域、最终达到的发展水平和程度，都是不同的。

每个婴幼儿都有自己的特点和风格，都有独特的闪光点。例如，有的婴幼儿虽然比较好动，经常把家里搞得一团乱，但是他的思维活跃，身体运动能力和空间视觉能力发展得较好；有的婴幼儿虽然比较安静，讲话比较少，但是他的感受性比较高，音乐韵律能力发展得比较好；有的婴幼儿在与人交往时比较紧张，但是在做自己喜欢的事情时非常专注。

拓展阅读

多元智能理论是加德纳于 1983 年提出的，并多次加以发展。该理论认为，智能是解决某一问题或创造某种产品的能力，而这一问题或这种产品在某一特定文化或特定环境中被认为是有价值的。就其基本结构来说，智能是多元的，如语言智能、逻辑—数学智能、音乐智能、空间智能、身体运动智能、人际交往智能、自我认知智能；智能的分类也不仅仅局限于这七项，随着研究的深入，会鉴别出更多的智能类型或者对原有智能分类加以修改，加德纳于 1996 年就提出了第八种智能——自然感知智能。

扫码学习

“多元智能理论”

（二）指导家长对孩子采用适宜的养育方式 >>>>>>>>>>>>>>>>>

首先，家长学会在生活中观察孩子的发展特点和优势。例如，玩耍的时候，孩子的身体动作非常灵活；播放音乐的时候，孩子特别兴奋，手舞足蹈；看到画笔的时候，孩子立刻想涂鸦画画；孩子能够非常快地理解家长的话并做出反应；等等。

其次，家长根据孩子的特点，采用最适合孩子的养育方式，因材施教，不能用完全相同的方法养育不同的孩子，也不能用完全相同的标准来要求不同的孩子。例如，对于比较安静、内向的孩子，家长在对他们的行为进行引导时，语气要平缓，不要特别严厉；对于精力旺盛的孩子，就要给他们安排更为丰富的活动。同时，随着孩子在不同阶段的变化，家长也要及时、灵活地调整养育方法。

最后，家长要做好自身的心理建设。当陷入担心、焦虑时，尽量不把自己的孩子与别人家的孩子相比较，可以聚焦于孩子的进步，与孩子自身相比，他有哪些新的进步和变化；另外，对于其他家长分享的一些有效经验，也要结合自己孩子的特点有选择地使用，保持合理的期待。

三、理解婴幼儿是独立的个体

（一）理解婴幼儿具有独立的主体性，而不是附属品 >>>>>>>>>

一旦胎儿娩出母体，就已经是独立的生命个体，有了人格权和生命权，受法律保护。

任何人，包括婴幼儿的父母都不能随意剥夺他们的生命、伤害他们的身体，应保证他们人格独立、人格自由、人格平等。

在家庭养育中，有些家长认为孩子是自己生的，必须听自己的，孩子不能有自己的想法，从吃饭、穿衣到玩什么、跟谁玩，都应该按照家长的想法做。这种做法忽视了孩子是独立的个体，剥夺了孩子成长的机会。

> **相关政策**
>
> 《全国家庭教育指导大纲（修订）》提出：尊重和保护儿童权利是家庭教育的基础。儿童是独立的权利主体，有生命权、健康权和获得基本生活保障的权利，有充分发展其全部体能与智能的权利；有享有国家、社会、学校、家庭保护，不受歧视、虐待和忽视的权利；有参与家庭和社会生活并就影响他们生活的事项发表意见的权利，实施家庭教育要尊重和保护儿童的各项权利。

（二）给婴幼儿探索的空间 >>>>>>>>>>>>>>>>>>>>>>>>>>>>>

正如诗人纪伯伦所说的：“你的孩子，其实不是你的孩子……他们在你身边，却并不属于你。你可以给予他们的是你的爱，却不是你的想法，因为他们自己有自己的思想。你可以庇护的是他们的身体，却不是他们的灵魂。”婴幼儿作为独立的个体，有被尊重、做选择的需要。

首先，在家庭环境的布置上，家长可以为孩子布置出自由玩耍的空间，营造安全、自由的环境，引导孩子深入探索他们自己感兴趣的事物，如给孩子一些色彩丰富、不同类型的玩具、一些不怕撕坏的绘本、可以随时涂鸦的工具等，而不是时刻限制孩子的自由，告诉他们“这些东西不能动、不能碰”，让他们成为家长时刻保护的“花朵”，这不利于孩子发展独立的探索精神和能力。

其次 ，在生活小事上，尽管孩子还很小，他们也有自己的想法。例如，孩子

想一想

在你成长的过程中，父母做过哪些尊重和支持你的事情？对你的成长有什么影响？

1. ________________

2. ________________

3. ________________

出去玩的时候穿哪件衣服，吃饭的时候先吃哪个菜，等等。这些细节都能够让孩子体会到他们是独特的，是可以有自己的想法的。

最后，在孩子开始表现出对一些事物感兴趣的时候，家长尽量不要用“都是为你好”的说法，在行为上强势地替孩子做决定。甚至还有些家长完全按照自己的想法教育孩子，把自己或者家族的遗憾、未完成的梦想寄托在孩子身上，希望由孩子去完成。这样不仅使得孩子失去了自由探索人生的权利和机会，更扼杀了孩子的主体意识和自主能力。

父母应该仔细地观察和研究孩子，了解孩子自然发展的进程及规律性，尊重孩子的个性，帮助孩子获得智力的、精神的和身体的、个性的自然发展。[①]父母应该学会尊重孩子，成为孩子的朋友，倾听孩子的想法，接纳孩子的表达，鼓励孩子去自由地探索。

思考与练习

1. 什么是多元智能理论？

2. 婴幼儿身心发展过程遵循哪些普遍规律？

3. 婴幼儿在不同阶段的发展任务相同吗？对家庭养育有什么启示？

4. 婴幼儿身心发展的差异性特点，对家庭养育有什么启示？

5. “婴幼儿是独立的个体”，这一观点对家庭养育有什么启示？

6. 有的父母在有了二孩之后，经常会这样念叨“你姐姐 / 哥哥小时候比你乖多了”，这样会对婴幼儿造成什么影响？

7. 有的父母经常说：“你的命都是我给的，我还有什么不能做的？”这样的教育理念是正确的吗？

8. 有的父母认为自己只需要给婴幼儿提供基本的衣食就好了，不需要去教育他们，等他们上幼儿园后会有老师来教育，这样的想法是正确的吗？

专题小结

本专题介绍了婴幼儿身心发展的基本阶段与特征，并且讨论了影响婴幼儿身心发展的主要因素，如生物因素、社会因素和个人特质；还阐述了家庭教育对婴幼儿认知、语言、动作、情感等发展的重要影响；同时也介绍了家长需要具备的有效家庭教育的基本理念和操作方法。

① ［意］蒙台梭利：《蒙台梭利幼儿教育科学方法》，任代文译，12 页，北京，人民教育出版社，2001。

学习评价与反思

学完这个专题后，你在理解婴幼儿普遍的发展规律，以及家庭养育方式对婴幼儿的影响上有哪些具体的收获呢？请完成下面的表格。

自我评价，从 1 到 5 代表你对本专题理解或掌握的程度越来越好，根据你的学习情况在相应的数字下打“√”。

	1	2	3	4	5
知识					
技能					
新启发					

考证指南

《育婴员国家职业技能标准》要求育婴员不仅要了解 0～3 岁婴幼儿听说能力发展、感官教育及认知能力发展，以及动作发展的特点与规律，还要具备“心理与行为观察”的相关技能和知识。

初级

相关知识要求：

3.3.1 婴幼儿运动、认知、语言、社会性发展的特点

3.3.2 婴幼儿行为问题特征

技能要求：

3.3.1 能观察婴幼儿运动、认知、语言、社会性发展的异常情况

3.3.2 能初步观察与发现婴幼儿行为问题

中级

相关知识要求：

3.3.1 观察婴幼儿心理行为发育偏离的方法

3.3.2 心理偏离基础知识

3.3.3 孤独症、注意缺陷多动障碍、智力发育障碍、语言发育障碍、感觉统合失调等早期发育障碍行为表现及相关知识

技能要求：

3.3.1 能判断婴幼儿运动、认知、语言、社会性发展的异常情况

3.3.2 能发现婴幼儿早期发育障碍

3.3.3 能配合专业医生对有行为问题的婴幼儿进行指导

高级

相关知识要求：

3.3.1 婴幼儿气质类型知识

3.3.2 婴幼儿个性化指导原则、内容与方案策略

3.3.3 自然矫正和训练的方法

技能要求：

3.3.1 能针对婴幼儿发展水平制定个性化指导方案

3.3.2 能配合专业医生对婴幼儿常见发育偏离进行矫正、训练与家庭指导

专题二
婴幼儿的心理需要及家庭养育

田田1岁半了，有时候她的爸爸妈妈很困惑，不知道田田到底想要什么。有时候田田很努力地挥着小手，瞪着眼睛，嘴里“嗯、嗯、啊、啊”地嘟囔着什么，一旦爸爸妈妈理解错了或没有及时满足田田的时候，她就会发生“惊天动地”的呼喊声。有时候，家里来了其他小朋友，爸爸妈妈抱别人的时候，田田就特别生气，赶紧跑到家长身边，抱着家长，紧张地看着那个小朋友，或者不理那个小朋友了。田田的爸爸妈妈会想：“这孩子怎么这么小心眼呢？”

田田的爸爸妈妈有时候又觉得，孩子在这个阶段不生病，吃饱穿暖，能够健康成长就是最令他们开心的事情了，至于其他方面，如田田是否高兴或生气，那是他们在田田长大一些后要考虑的事情。真的是这样吗？如果田田的爸爸妈妈向你描述了他们的困惑和想法，你会给他们什么建议？

>> 学习内容

1. 了解婴幼儿心理需要的主要内容。
2. 理解满足婴幼儿心理需要的重要性。
3. 掌握指导家长满足婴幼儿心理需要的方法。

>> 学习初体验

找3～4位0～3岁婴幼儿的家长进行访谈。

1. 孩子的情绪在一天中有怎样的变化？在什么情况下孩子会紧张、害怕？什么时候孩子会比较放松、愉快？原因是什么？
2. 与那些情绪比较积极、稳定的孩子的家长进一步交流，看看他们和孩子在一起时会做什么？

>> 学习交流

和其他人交流一下你的调查结果。

____

____

>> 知识框架图

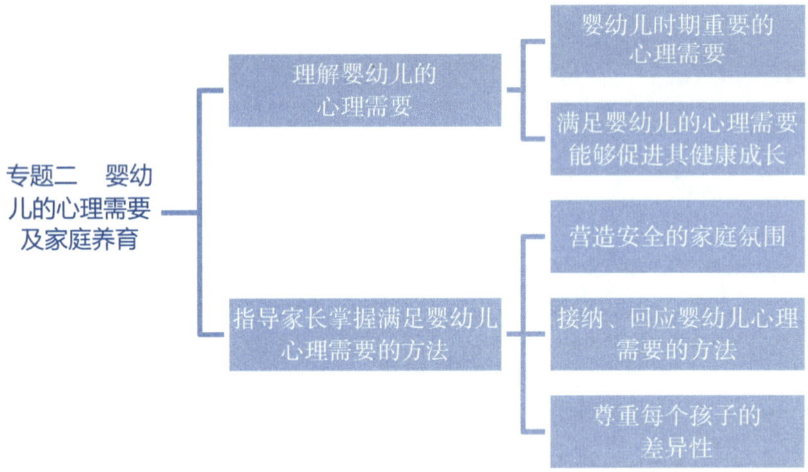

学习任务 2.1
理解婴幼儿的心理需要

几个家长在一起聊天的时候，说到一个共同的话题 ：孩子 2 岁多以后，好像脾气大了，不顺心的时候就大哭大闹。牛牛的家长说“他一哄就好”；淘淘的家长说“得哄他很长时间”；明明的家长说“孩子原来挺大方的，但是现在不愿意跟小朋友分享玩具，好玩的玩具他自己一直拿着”；奇奇的家长说自己特别忙，晚上回家特别想跟孩子好好玩玩，但是孩子拒绝自己的拥抱，似乎变得“冷漠”了。家长能够感觉到，好像除了吃喝之外，孩子要的更多了，但是不清楚他们到底要的是什么。

家长在幼儿园里遇到老师的时候，说出了自己的困惑。老师也发现孩子们在幼儿园里有一些变化。针对家长遇到的问题，老师邀请了专家进行指导。在沟通的过程中，家长意识到原来孩子在得到很好的生活照顾的同时，其心理需要也应当得到满足，心理营养和生理营养同样重要。

学习任务单

学习目标	1. 理解心理需要对个体的重要意义。 2. 掌握婴幼儿重要的心理需要。 3. 理解满足婴幼儿心理需要对其发展的重要意义，并能够与现实生活结合，灵活应用。
学习要点	1. 理解婴幼儿心理需要的含义和表现。 2. 深入理解婴幼儿心理需要对其全面发展的价值和影响。
学习时数	1 课时
学习建议	学习前：访谈、观察家长对孩子心理需要的理解和具体反应方式。 学习中：结合本专题中给出的描述，与家长进行互动和交流，把握家长的真实情况。 学习后：能够解答家长对孩子表现出的行为的困惑，并从孩子的心理需要角度指导家长。
学习运用	在培训和与家长沟通时，以及在具体的托育工作中都可以使用。
学习反思	你自己在理解婴幼儿心理需要方面有哪些成长？你在指导家长理解孩子心理需要的过程中，最大的挑战是什么？

相关政策

《全国家庭教育指导大纲（修订）》中的“0～3岁儿童家庭教育指导要点”提出，要关注儿童的需求：

指导家长为儿童提供抓握、把玩、涂鸦、拆卸等活动的机会、工具和材料，用多种形式发展儿童的小肌肉精细动作和大肌肉活动能力；分享儿童的快乐，满足儿童好奇、好玩的认知需要，激发儿童想象力和好奇心。

一、婴幼儿时期重要的心理需要

马斯洛的需要层次理论认为，人的需要由五个等级构成：生理需要、安全需要、归属与爱的需要、尊重的需要和自我实现的需要五个等级。层次越低，力量越强、潜力越大，只有在低级需要获得满足或部分满足的情况下，高级需要才有可能出现。①

低级需要也称缺失需要，在人的成长过程中出现得较早，因此也是婴幼儿心理需要的重要组成部分，低级需要得不到满足将直接危及婴幼儿的生命。婴幼儿的需要主要表现为：生理需要、安全需要、归属与爱的需要。

需要是有机体内部的一种不平衡状态，它表现在有机体对内部环境或外部生活条件的一种稳定的要求，也是有机体活动的源泉。

（一）生理需要 >>>>>>>>>>>>>>>>>>>>>>>>>>>>>>>>>>>>>

小知识

生理需要，它表现为人对食物、水分、呼吸、睡眠、生理平衡的需求等，在个体整个人生过程中都有举足轻重的作用。

生理需要的满足是最基础的，也是家长关注较多的。婴幼儿在有生理需要的时候会给家长一些表情、动作或言语信号，如用哭声或叫喊声表达自己饿了，使劲地蹬腿提醒家长该换尿不湿了，用手指着某一个方向表示要喝奶……

当孩子会说话的时候，他们会用简单的言语或动作告诉家长自己现在的状态或表达自己的需要。比如，他们会用“奶”这个字代替哭喊告诉妈妈“我饿了”，会用“冷”这个字眼提醒爸爸“该给我加件衣服”，会做蹲下这个动作表达“我想要上厕所”。

家长需要在生活中留心观察孩子发出的不同信号，即使看似简单又常见的哭闹信号所代表的意思就有很多，饿了会哭，困了会哭，该换尿布也会哭，但当家长仔细区分时就会发现每一种哭声是不同的，表达的意思也是不一样的。家长需要耐心、细心，对每一种类的信号做出准确反应。

（二）安全需要 >>>>>>>>>>>>>>>>>>>>>>>>>>>>>>>>>>>>>

小知识

在人们的最基本的生理需要得到满足之后，周围环境的稳定、安全、有秩序就显得尤为重要。

对于婴幼儿来说，他们对周围环境无改造能力且适应能力较弱，在环境发生变化的情况下，对安全的需要尤为强烈。如果环境超出婴幼儿自身能够控制的范围，他们就会产生强烈的安全需要并伴有焦虑情绪。

婴儿寻求安全的本能是与生俱来的，当他们离开了温暖、安全的母体之后就会本能地寻求同等感受的环境，随着年龄的增长慢慢演变为对母亲离开的不安和苦恼，并能够通过标志性的动作或神态预测母亲可能要离开，也能够通过成人的情绪及行为表现判断自己的行为是否被接受，还能够在不熟悉的环境下本能地选择依恋对象作为满足安全需要的来源。

婴幼儿在成长过程中会经常探索未知又新鲜的环境，他们处于此类环境中会感到陌生、焦虑甚至恐惧，在此过程中需要有熟悉的人或物的陪伴，如父母或亲人的陪伴，或者让孩子手里拿着熟悉的小玩具、常用的小奶瓶等，父母也一定要在孩子能够看到的范围内。父母可以一直和孩子聊天说话，让孩子能够持续地听

扫码学习
“安全需要”

① 彭聃龄：《普通心理学》，372～373页，北京，北京师范大学出版社，2012。

到他们的声音，提高孩子的安全感。

（三）归属与爱的需要

人类总是希望能得到重要他人、社会与群体的认可与接纳，能够在与他人和谐相处中获得良好、和谐的人际关系。人们总是会惧怕孤独与疏离，期待在团体中获取更多的关注与关怀。

婴幼儿有强烈的归属与爱的需要，但他们还无法用语言清晰地表达，他们可能会选择用直接的表情或动作来表达，如开心地抱住妈妈的腿，在睡醒后发现周围没有人的时候会使劲哭闹，自己玩玩具时会焦躁，或因为喜欢的玩伴离开而难过。再例如，孩子喜欢看到妈妈对他笑，喜欢爸爸用温柔的语气教他说话，喜欢小伙伴拉着他的小手到处跑跳，甚至当孩子因为行为问题受到家长的批评之后，他们还会小心翼翼地问一句：“妈妈，你还喜欢我吗？”

0～3 岁婴幼儿在成长过程中需要体会到养育者的支持与爱，从而获得在家庭环境和群体活动中的归属感、满足感及被爱的感觉。

温馨提示

母亲可以为孩子营造重要的安全环境，母亲喂奶的行为不仅能够满足孩子的生理需要，更重要的是能给孩子安全感。母亲对婴儿所有需要的反应（包括及时性、敏感度和准确度）比喂奶的行为更重要，母亲的安抚、关注、温柔的话语更能让孩子产生对这个世界的信任。

二、满足婴幼儿的心理需要能够促进其健康成长

（一）有助于婴幼儿自我意识的发展

随着年龄增长，婴幼儿能够掌握越来越多的技能，如翻身、坐起、爬行、走路、说话、游戏等。在这个过程中，一方面，婴幼儿逐渐开始自主决定做什么或不做什么，并且逐渐对自己的能力有了认识，知道自己能做什么或还不能做什么；另一方面，婴幼儿在与父母互动的过程中，逐渐形成自我概念和自我评价。因此，父母为婴幼儿的发展创造安全的生活环境，并且提供积极的情感支持。比如，关注孩子的进步、鼓励孩子积极探索、对良好行为做出积极的评价和鼓励、对不当行为及时提醒和示范，家长的这些行为都有助于婴幼儿发展积极的自我概念和形成良好的自我评价，培养自尊、自信、自主的积极品质。

想一想

你一定遇到过婴幼儿在他们的妈妈分离时，表现出各种情绪和行为，仔细回想一下，他们的这种表现体现了什么样的心情，是否是安全需要的表达？

小知识

归属与爱的需要是个体与他人建立情感联系或关系，并从群体中获取某种情感满足的需要。

实践应用

1. 家长在孩子表现出紧张、愉快、着急等情绪时做出的典型反应有：

____

2. 观察那些能够及时对孩子做出反应的家长，他们的语言、动作有哪些特点？

____

（二）有助于婴幼儿健康人格的形成

婴幼儿从出生开始就面临着成长中的各种挑战。比如，如何在某个新环境中生存下来，可以依靠谁？如何告知养育者自己饿了、冷了、身体不舒服了，周围

环境是否安全？等等。

当父母总是能够及时发现孩子的需要、做出准确的判断和积极的回应时，当父母能够为孩子提供安全而丰富的生活环境时，当父母放手让孩子不断尝试、体验时，当孩子的良好行为得到父母的认可和欣赏时，当孩子的不良行为得到父母的理解、接纳和帮助时，孩子才能逐渐发展出对外界的信任感，认为自己是值得被爱的，世界是安全的。这种基本的信任感和安全感是形成健康人格的基础。

（三）有助于婴幼儿良好依恋关系的建立

生命早期是父母和婴幼儿依恋关系建立的最佳时期，父母和婴幼儿之间的积极互动，如父母总是能够及时捕捉、读懂婴幼儿发出的信号，并且迅速做出反应满足他们的需要，相应地，婴幼儿会通过满足的笑容或手舞足蹈的动作来回应父母，婴幼儿知道:“只要我需要，爸爸妈妈都会在那里。”婴幼儿因得到了父母足够的关爱而对外界充满了信任和希望，父母也在这个过程中体验着抚育婴幼儿所带来的能力感和亲密关系。

婴幼儿和父母在这样的日常生活中建立起健康、安全的依恋关系，这也是婴幼儿在生命早期建立的积极的人际关系模式，不仅有助于建立良好的亲子关系，也会对婴幼儿日后的亲密关系、人际交往、社会适应等产生直接而深刻的影响。

练一练

1. 如果有家长针对婴幼儿表现出的“自私”、害怕等行为来向你咨询或者求助，家长觉得自己对他们的照顾已经很细心了，因此不理解为什么会这样？

2. 你如何向家长解释婴幼儿行为背后的心理需要？设计一个简单的方案，并回复家长。

思考与练习

1. 婴幼儿心理需要的内容是什么？
2. 满足婴幼儿心理需要的重要性是什么？
3. “机械化带娃”的后果是什么？
4. “只要孩子能够健康长大我就满足了，至于其他的，不做要求。”你如何评价父母的这种期许。
5. “我的孩子很可爱，好多人都想抱抱她。”这是一位妈妈的话，关于婴幼儿安全需要的满足，她有什么需要注意的。
6. 为什么说婴幼儿心理需要的满足也是家长成长的过程？
7. 主题讨论：父母在婴幼儿安全需要满足中的作用是什么？
8. 主题讨论：什么是和谐家庭，它在婴幼儿心理需要中的作用是什么？

学习任务 2.2
指导家长掌握满足婴幼儿心理需要的方法

萌萌已经快 2 岁了，妈妈要重新开始工作，就请爷爷奶奶来帮忙照顾孩子。

妈妈开始上班的那段时间，萌萌特别黏妈妈，哭喊着不让妈妈走，对爷爷奶奶也不太接受。好不容易过了那段时间，妈妈晚上回家以后，感觉特别累，对萌萌的一些要求也比较应付，如读绘本时心不在焉，一边陪孩子一边拿着手机处理工作，因此孩子变得很急躁，不开心。萌萌的精力很旺盛，妈妈和爷爷奶奶担心孩子做出危险的动作，就随时看着孩子，不让孩子碰这碰那，管得特别严。有时候大人在做饭、收拾房间的时候，为了不让孩子到处跑和“捣乱”，就让孩子玩电子产品。而且爷爷奶奶的话也不多，平时跟孩子的交流也比较少。

经过一段时间，妈妈发现，孩子的脾气变大了，有情绪的时候不能用语言表达，而是大喊大叫、哭闹不止，并且变得胆小了，不愿意跟其他小朋友玩。妈妈很担心，通过查阅资料和找专家咨询，知道孩子有自己的心理需要，家长要意识到应该科学地满足孩子的心理需要。之后，妈妈开始调整自己，每天安排出一定的时间专心陪伴孩子，并且和家人商量好，要给孩子更多自由探索的机会。

学习任务单

学习目标	1. 理解家庭氛围对满足婴幼儿心理需要的意义。 2. 掌握反馈、回应等方法对满足婴幼儿心理需要的作用。 3. 采用有差异化的方法促进婴幼儿心理发展。
学习要点	1. 家庭氛围的含义及良好家庭氛围的建设方法。 2. 具体的、可操作的满足婴幼儿心理需要的多种方法。
学习时数	1 课时
学习建议	学习前：阅读并理解心理需要的意义，对家长进行调查，了解家长对心理需要的理解。 学习中：结合本专题给出的具体方法和生活中的真实案例，分析满足婴幼儿心理需要的有效方法。 学习后：能够解答家长对婴幼儿的行为感到困惑的问题并进行有效指导。
学习运用	在培训和与家长沟通时，以及在具体的托育工作中都可以使用。
学习反思	经过本专题的学习，你对婴幼儿的心理需要有什么新的认识吗？如何将学习到的方法有效地整合到实际应用中？

一、营造安全的家庭氛围

家庭是婴幼儿成长的第一个生态环境，除了生理上的照顾之外，家庭对婴幼儿提供心理支持和心理营养也是他们终生发展的基础。

（一）营造和谐的家庭氛围是满足婴幼儿心理需要的前提 >>>>>

营造和谐的家庭氛围既是家庭教育的前提，也是一种极为有效的教育方式。个体成长的主要环境对其发展有着直接、显著的影响。和谐、温馨的家庭氛围能够满足婴幼儿的生理需要、安全需要、归属与爱的需要等，为婴幼儿的发展提供心理营养。

小知识

家庭氛围是家庭成员之间利用行为、语言、情感等形式互动所营造的氛围。

为营造良好的家庭氛围，可以指导家长采用以下方式。

首先，处理好家庭成员之间的关系，如亲子关系、夫妻关系及其他家庭成员之间的关系。家庭成员之间对于教育问题产生分歧在所难免，但面对婴幼儿时应当保持统一的态度和要求，对婴幼儿的要求和行为标准要具有一致性。

其次，家长应避免将负面情绪带给婴幼儿。由于生活、工作等多方面的压力，家长也会有自己的情绪，这些情绪如果不加以处理，很可能影响婴幼儿。因此，家长要善于管理好自己的情绪，也为婴幼儿做出良好的榜样。

最后，坚持平等、自由的原则，保持民主的氛围。很多时候，家长认为自己针对孩子的很多做法是合理的，是为了孩子好，可能忽略了对孩子喜好、特点的分析，孩子可能感到不够自主、自由。因此，家长要在生活小事中尊重孩子的想法和发展特点。

（二）建立良好的亲子依恋关系是核心 >>>>>>>>>>>>>>>>>>>

依恋关系的建立是满足婴幼儿心理需要的重要途径。良好的亲子依恋关系可以使婴幼儿体验到安全感、被爱的感觉等，而这些都是婴幼儿重要的心理需要。家长的以下做法有助于婴幼儿形成良好的亲子依恋关系。

小知识

依恋是婴幼儿与养育者，特别是母亲，在相互交往的过程中形成的长久又强烈的情感联系。依恋可以分为安全型、回避型、矛盾型。

首先，养育者特别是母亲在与婴幼儿互动交往中应提高敏感度，及时回应婴幼儿发出的信号，通过行为反应、情感表达、亲子活动等途径建立依恋关系。

其次，养育者应提高与婴幼儿身体行为的互动频次，应特别重视婴幼儿与母亲的接触，从婴儿出生的 3 小时起要尽量保证与母亲的肢体接触，且在陪伴时间内与孩子进行有效的互动，如搂抱、说话等。

再次，父亲的作用不容忽视，父亲积极参与婴幼儿的成长活动，如互动、拥抱、喂饭、换尿布等，有利于婴幼儿与父亲建立起良好的依恋关系。

最后，养育者应多向婴幼儿做正向的情感表达，语调要温柔，与他们交流时要有足够的耐心。例如，婴幼儿在表达自己的需要时通常会发出哭闹信号，家长要温柔询问，而不要表现出不耐烦或急躁。

（三）家长为婴幼儿提供学习和模仿的榜样

0～3 岁婴幼儿以家庭生活为主，他们会敏锐地感受并观察家庭成员的语言、行为或表情，在观察学习中模仿，好的榜样示范能够促进婴幼儿的发展，也能够满足婴幼儿的多种心理需要。家长需要在教养孩子的过程中不断完善自身的行为。

首先，家长要注意自己的言行举止。例如，对待家人、对待孩子时应耐心、细致，使用温和的语言表达方式等，让孩子体验到被爱和被尊重的感觉。

其次，家长要信守承诺，严格遵守与孩子的约定。例如，答应孩子购买玩具作为奖励就要实现，彼此约定早睡早起就要共同执行。孩子能够体验到安全感和确定感，并由此对外界充满信任感。

最后，家长要引导孩子做出良好的行为，如孩子喜欢别人的玩具时，可以先问问别人，他能不能玩一会儿，或者能不能和对方一起玩，等等。孩子需要非常具体、明确的做法的指导，才能形成良好的行为习惯，也能够感受到别人对自己是接纳、理解和爱护的。

> **想一想**
>
> 1. 列出你自己的个性特点，最主要的特点是什么？
> 2. 这种特点与你的父母有哪些相似之处？

二、接纳、回应婴幼儿心理需要的方法

家长需要先了解 0～3 岁婴幼儿的身心发展特点，理解一些行为的发生是正常的，在接纳婴幼儿的表现之后，再去寻求合适的、科学的解决问题的方法。

（一）家长善于观察，感知、接纳婴幼儿的心理需要

首先，通过语言感知婴幼儿的心理需要。0～3 岁婴幼儿的语言能力有限，他们通常以哭闹或拟声词“啊”“哇”等表达他们的需要，虽然说不清楚，但这个时期的婴幼儿更愿意用口头语言与人交流，一开始会用单字，如“饭”“奶”“水”“冷”“热”等表达需要，之后慢慢连成短句，家长在这一时期要有足够的耐心，在孩子说话的时候，不要打断也不要以自己认为的意思往下接话，更不要表现出不耐烦。

其次，可以通过动作感知婴幼儿的心理需要。婴幼儿会有一些标志性的动作直接表达自己的需要，如用蹬腿表达不满或兴奋，用手指某物表达想要，或直接用手扔掉某物表达不喜欢。

最后，家长除了提高对婴幼儿语言和动作信号的观察与感知之外，还需要对婴幼儿常态下出现的行为变化进行敏锐地捕捉。比如：婴幼儿奶瓶里的水喝完了，但他仍然抱着奶瓶吸吮可能是由于还想要水；奶瓶里的奶虽然没喝完，但他在用舌头顶，可能是要表达喝饱了；晚上睡觉时出现小幅晃动可能是想要上厕所；等等。

实践应用

调查 0～3 岁婴幼儿的家长，当婴幼儿做出某种动作或说一些话时，是在表达什么需要?

动作:________________表达需要:________________________________

动作:________________表达需要:________________________________

动作:________________表达需要:________________________________

语言:________________表达需要:________________________________

语言:________________表达需要:________________________________

语言:________________表达需要:________________________________

（二）家长积极回应、满足婴幼儿的心理需要 >>>>>>>>>>>>>>

首先，在婴幼儿 1 岁以后，家长就可以有意识地示范和教授生活技能，引导孩子自己完成力所能及的事情，如自己吃饭、喝水、穿衣服、叠被子等，家长在满足婴幼儿的心理需要的同时，培养他们的自理能力。

其次，每当孩子表达出自己的需求之后，家长要及时做出回应。对值得强化的行为要及时奖励、肯定，对不当行为要科学地及时纠正。家长要注意在回应孩子时的表达方式，选择正向的词，让孩子感受到限制与自由是并行的，不仅要告知孩子做什么不对，而且要告诉孩子可以做什么，对行为的描述要具体、直接，孩子才能理解。同时，对于预防性的行为问题不要“提醒”他。例如，孩子本来没有注意到插头，家长说“这个，看清楚，不能摸”就是在给孩子预防性地提醒。家长除了给予语言回应外，还可以配合表情、眼神和动作。

最后，除了对特定行为事件进行回应之外，家长还可以创设亲子活动，增加互动频次。亲子活动能够丰富婴幼儿的情感体验，提高婴幼儿与家长互动的频次，为亲子互动提供不同角度。亲子活动不仅可以是大型户外互动活动，也可以是蕴含于生活中的小事件，如亲子阅读、共同家务活动、体育游戏、亲子游戏、亲子绘画等。

练一练

1. 0～3 岁婴幼儿的家长观察到的最受孩子喜欢的亲子互动有哪些?

2. 对于家长反馈的最受孩子喜欢的亲子互动，你认为这些亲子互动满足了孩子什么心理需要?

（三）家长要将自己对孩子的爱直接表达出来 >>>>>>>>>>>>>>

有时候，家长觉得孩子应该能感受到自己的爱，没有必要总是表达出来。但是孩子由于年龄小，需要多次确认家长是否爱自己、接纳自己，因此家长可以在生活的点滴中表达对孩子的爱。例如，睡觉前说一句“妈妈爱你”，或多给孩子拥抱，在孩子做了一件值得肯定的事情之后，通过积极的动作、眼神、语言肯定或表扬他，在生活中多与孩子积极互动等。

三、尊重每个孩子的差异性

（一）将婴幼儿看作独特的个体 >>>>>>>>>>>>>>>>>>>>>>>

首先，家长要理解不同的个体有不同的个性。每个婴幼儿会因遗传素质、生活环境和所受的教育不同，在身心发展上表现出各种差异性，体现出不同的个性特点。婴幼儿个体之间的性格特点、认知能力、兴趣爱好、活动节奏会有较大的不同。例如，有的婴幼儿好动，有的婴幼儿比较安静；有的婴幼儿见到陌生人很热情，有的婴幼儿则拘谨害羞；有的婴幼儿吃饭快，有的婴幼儿吃饭却很慢；有的婴幼儿偏爱颜色鲜艳的衣服，有的婴幼儿偏爱样式复杂的衣服。

其次，家长认为孩子应当大方、爱分享，所以他们不与孩子商量就把玩具送给别的小朋友，这样的做法并不一定适合孩子。家长要多提醒自己，注意观察孩子的特点，倾听孩子的想法，甚至可以在一些事情上让孩子自己做主，如明天穿什么颜色的衣服、游戏是否要继续进行、买什么类型的玩具等。

（二）根据婴幼儿的特点，合理满足心理需要 >>>>>>>>>>>>>

首先，对于孩子已经明显表现出来的特点和差异，家长可以采取有针对性的方法。例如，有的孩子精力旺盛，家长总会要求让他们坐正坐好，这显然不现实，应当为孩子提供更多的活动机会；对于节奏慢的孩子要用耐心等待代替催促；对于喜好安静的孩子可适时用亲子阅读代替户外体育活动；对于胆小内向的孩子可用温柔的语言指导代替大声呵斥；对于喜欢音乐的孩子可选择购买音乐类型的玩具等。

其次，如果家长对孩子的特点还不够了解，就可以通过创设丰富的环境和场景，对孩子有意识地进行观察。

实践应用

观察 0～3 岁婴幼儿的家长，看看他们在为孩子选择绘本、玩具、安排的活动上是否根据孩子的特点和差异？

孩子的年龄：______家长描述的孩子的特点：______________________

家长的做法：______________________________________

孩子的年龄：______家长描述的孩子的特点：______________________

家长的做法：______________________________________

孩子的年龄：______家长描述的孩子的特点：______________________

家长的做法：______________________________________

思考与练习

1. 满足婴幼儿心理需要的方法有哪些?
2. 家长如何发挥榜样作用?
3. “不当着孩子的面吵架就没有关系”,这种说法对吗?
4. 在家庭教育中,家长能否照搬“教育专家”所提出的教育方法?
5. “接纳婴幼儿的行为就意味着要放任,放任会出错,因此既不能接纳也不能放任”,这种说法对吗?
6. 如何给婴幼儿“立规矩”?
7. 主题讨论:如何营造和谐、温馨、民主的家庭氛围?
8. 主题讨论:如何做到对婴幼儿因材施教?

专题小结

婴幼儿心理需要的满足对其成长发展具有关键作用。在满足婴幼儿心理需要的过程中,家长也能够不断规范自己的行为和提高自身的素质。家长可以将理论有意识地应用在教育实践中。同时,满足婴幼儿心理需要的方法多种多样,希望家长可以在实践中观察、总结。

学习评价与反思

学完这个专题,在理解婴幼儿心理需要和掌握家庭促进方法方面,你有哪些具体的收获呢?请完成下面的表格。

自我评价,从 1 到 5 代表你对本专题理解或掌握的程度越来越好,根据你的学习情况在相应的数字下打“√”。

	1	2	3	4	5
知识					
技能					
新启发					

专题三
在家庭中促进婴幼儿的能力发展

阳阳的妈妈最近遇到了烦心的事。前几天在跟几个家长聊天的时候，有的家长说孩子要从小开始训练，如听音乐、讲故事，甚至1岁多就要开始认字，再大点就要开始学英语，等等，这样孩子才能赢在起跑线上。阳阳的妈妈很困惑，孩子这么小，对生活中的很多东西还不理解，再增加学习内容是不是太累了，而且学了也记不住，还不如让孩子想怎样就怎样，宽松一点，家长多陪伴孩子，多和孩子一起游戏，这样是不是更好呢？但是看到其他家长都这样使劲，又担心自己的孩子如果不学就会落后。所以阳阳的妈妈陷入了深深的纠结中。

后来在一次家庭教育培训中，阳阳的妈妈了解到，婴幼儿阶段也有一些重要的发展任务，这些任务并不是一味地灌输知识，而是根据孩子的特点和发展规律，在家庭养育中提供有效的帮助，让孩子在游戏和生活中学习，为孩子的能力发展打好基础。

>> 学习内容

1. 婴幼儿动作发展的特点及有效促进方法。
2. 婴幼儿感知觉发展的特点及有效促进方法。
3. 婴幼儿语言发展的特点及有效促进方法。
4. 婴幼儿其他认知能力发展的特点及有效促进方法。
5. 婴幼儿情感与社会性发展的特点及有效促进方法。

>> 学习初体验

1. 课前调研，找3～4位0～3岁婴幼儿的家长，问问家长觉得婴幼儿阶段哪些能力的发展最重要。
2. 家长是通过什么方式促进婴幼儿能力发展的？

>> 学习交流

和其他人交流你的调查结果。

____

____

>> 知识框架图

- 专题三　在家庭中促进婴幼儿的能力发展
  - 掌握婴幼儿动作发展特点及家庭促进方法
    - 婴幼儿动作发展的规律和特点
    - 动作发展为婴幼儿打开认识世界的大门
    - 有效促进婴幼儿动作发展的方法
  - 掌握婴幼儿感知觉发展特点及家庭促进方法
    - 婴幼儿感知觉发展的规律和特点
    - 感知觉促进婴幼儿全面发展的意义
    - 婴幼儿感知觉发展的家庭促进方法
  - 掌握婴幼儿语言发展特点及家庭促进方法
    - 婴幼儿语言发展的特点
    - 语言发展为婴幼儿理解世界带来新的可能性
    - 有效促进婴幼儿语言发展的方法
  - 掌握婴幼儿其他认知能力发展特点及家庭促进方法
    - 婴幼儿其他认知能力发展的一般特点
    - 其他认知能力发展为婴幼儿带来更丰富的世界
    - 促进婴幼儿其他认知能力发展的有效方法
  - 掌握婴幼儿情绪与社会性发展特点及家庭促进方法
    - 婴幼儿情绪发展的意义和家庭促进方法
    - 婴幼儿性别角色发展的家庭促进方法
    - 婴幼儿亲社会行为发展的方法

学习任务 3.1
掌握婴幼儿动作发展特点及家庭促进方法

刘老师带的幼儿园的幼儿在 1 岁半左右。经过观察，刘老师发现，幼儿的差异挺大的，特别是在动作方面表现得更明显。有的孩子走路很稳，有的孩子容易摔跤；有的孩子小肌肉群的动作特别灵活，能自己稳稳地拿住勺子、穿衣服、系扣子、捏豆子，有的孩子还做不到，仍然需要老师帮忙；还有的孩子特别愿意探索和尝试新的事物，有新游戏或新玩具时都跃跃欲试，有的孩子却往后退，不敢尝试。

刘老师很想找到原因，就设计了一个调查，发现家长在家里对待孩子的方式存在不同。有的家长怕孩子碰或拿一些危险的东西，就限制孩子自由探索的机会；有的家长觉得孩子太小，很多事情做不好，就替孩子做了；有的家长怕孩子把家里弄得很乱，就不让孩子随意乱动；有的家长太忙了，在家里很少与孩子做游戏和身体互动。针对这些情况，刘老师为家长介绍了动作发展的重要性，并推荐了很多亲子游戏和活动。

学习任务单

学习目标	1. 理解婴幼儿动作发展的规律特点和意义。 2. 掌握促进婴幼儿动作发展的有效方法。 3. 指导家长在家庭中促进婴幼儿动作发展。
学习要点	1. 动作发展对婴幼儿整体发展的重要意义。 2. 具体的促进婴幼儿动作发展的操作方法。
学习时数	1 课时
学习建议	学习前：调研和了解家长在婴幼儿动作发展中的一些理念与做法。 学习中：结合本任务中的方法，与家长的实际做法深度整合，发现更多的有效策略。 学习后：能够指导家长在家庭中采用多种方式促进婴幼儿动作发展。
学习运用	在培训和与家长沟通时，以及在具体的托育工作中都可以使用。
学习反思	学习本任务中的一些方法后，对你理解动作发展的意义有新的启发吗？对你掌握有效的操作策略有哪些帮助？

一、婴幼儿动作发展的规律和特点

随着婴幼儿感知觉的发展、身体的发育以及骨骼肌肉的生长，其活动能力也逐渐增强。尽管不同的婴幼儿之间由于先天条件和后天环境的不同，动作发展速度有快有慢，但是总体而言其发展是按照一定的规律和特点有秩序进行的。

小知识

一些先天的反射性动作，包括吸吮反射、吞咽反射、惊跳反射、踏步反射、游泳反射、抓握反射、巴宾斯基反射等。

（一）了解婴幼儿动作发展的基本规律 >>>>>>>>>>>>>>>>>>>>>>

婴幼儿的身体发育遵循三个原则：头尾原则、近远原则、大小原则。[①] 婴幼儿的动作发展遵循从上到下、从头到脚的顺序，同时遵循从身体的中心逐渐到肢体末端的顺序。也就是说，越是靠近躯干的部位，动作发展得越早。另外，动作发展遵循先发展大动作，后发展小幅度的精细动作的顺序。

（二）婴幼儿动作发展的分类和特点 >>>>>>>>>>>>>>>>>>>>>>

根据婴幼儿动作出现的时间顺序，大致可以将其分为三大类：反射性动作、大动作和精细动作。

关键术语

大动作是指婴幼儿对较大的身体或肌肉群控制能力的发展，一般包括头颈部、躯干以及四肢的动作，如抬头、坐、翻身、爬、站立、行走等。

反射性动作是先天的、不需要学习的，对婴幼儿的生存和适应有一定意义。随着婴幼儿的生长发育，有些反射性动作可能会逐渐消失。

大动作主要与较大的身体活动有关，需要调动身体大肌肉群的运动。头颈部是最早发展的大动作。大动作的发展为孩子探索世界提供了更多的可能性和机会。

精细动作的发展出现得较晚一些，但是对孩子的整体发展具有重要的意义，能够让孩子更细致地感知外界事物的特点，丰富孩子的体验。

关键术语

精细动作是指婴幼儿对更小的身体、肌肉运动控制能力的发展，一般包括手部、脚部的动作，如抓握、抚摸、弹射等。

二、动作发展为婴幼儿打开知识世界的大门

动作发展贯穿于婴幼儿发展的整个过程中，是衡量婴幼儿身心发展的重要指标，也是婴幼儿感知觉、认知、语言、思维、社会性等各种能力发展的基础。

（一）动作发展是衡量婴幼儿身心发展的重要指标 >>>>>>>>>>>

婴幼儿动作发展与其身体的发育、骨骼与肌肉的生长以及感知觉的发展等紧密相关。如果婴幼儿的各种动作发展得越好，说明其大脑神经、感知觉、骨骼肌肉等成熟度越高。相反，如果婴幼儿过了一定的年龄依然没有发展出相应的动作技能，并存在身体不协调、动作迟缓等问题，则可能需要警惕，及时就医诊断或治疗。

（二）动作发展可以促进感知觉的发展 >>>>>>>>>>>>>>>>>>>

随着婴幼儿动作的发展，其活动范围变得越来越大。这些变化让婴幼儿能够接触到的环境越来越丰富，为婴幼儿感觉器官的发育提供了机会与可能性，也为其感知觉的进一步发展创造了条件。比如，婴幼儿通过独立行走，可以建立运动与视觉的联系；通过抓握、触摸，可以感知物体的形状和大小，从而逐渐发展出

① 林崇德：《发展心理学》，165 页，杭州，浙江教育出版社，2002。

运动知觉、深度知觉、形状知觉、大小知觉等。

（三）动作发展为思维、语言、情感与社会性的发展奠定基础 >>

婴幼儿会通过各种大动作、精细动作的发展学会分析、思考问题，逐渐发展出直觉行动思维，并为具体形象思维等认知能力的发展奠定基础。另外，随着婴幼儿活动范围、认知范围的扩大，他们有更多的机会接触社会，也有更多有目的的行为，这些都为婴幼儿语言、情感与社会性的发展提供了条件。

小知识

感知运动阶段是皮亚杰在认知发展理论中提出的，指的是 0～2 岁的婴幼儿主要通过动作探索外界事物。

练一练

1. 找 3 个 0～3 岁的婴幼儿，观察一下他们的运动发展水平。

年龄______性别______大动作______________精细动作______________

年龄______性别______大动作______________精细动作______________

年龄______性别______大动作______________精细动作______________

2. 访谈婴幼儿的家长，了解他们在家中经常与孩子一起做什么。分析亲子互动的形式、频率与观察到的婴幼儿的动作发展之间有什么关系？

扫码学习
“感知运动阶段”

三、有效促进婴幼儿动作发展的方法

影响婴幼儿动作发展的因素主要有生理成熟、环境因素和教育因素。在婴幼儿生理成熟的基础上，家长采用恰当的方式，进行适当的干预训练都可以有效促进婴幼儿动作的发展，家长可参照以下做法。

（一）为婴幼儿提供足够的营养条件 >>>>>>>>>>>>>>>>>>>>

婴幼儿动作发展建立在大脑神经正常发育、骨骼与肌肉健康成长的生理基础上。首先，科学喂养，为婴幼儿的健康成长提供必要的营养物质。在 0～6 个月时，提倡尽量纯母乳喂养，在母乳不足的情况下要采取科学的混合喂养，并适时添加辅食，以保证足够的蛋白质、矿物质、维生素等营养的获取。

为了保证婴幼儿正常的生长发育，还要注意婴幼儿有足够的睡眠时间。

知识链接

请查阅《国家卫生健康委办公厅关于印发婴幼儿喂养健康教育核心信息的通知》。

（二）为婴幼儿创设自由探索的安全环境 >>>>>>>>>>>>>>>>

有些家长为了避免孩子受到伤害，在养育婴幼儿时存在过度保护的问题。有些家长为了方便省事，将孩子长时间放在小小的游戏围栏或者学步车中。这些做法都不利于婴幼儿动作的发展，为了更好地促进婴幼儿的动作发展，家长可以采用以下方式。

家长尽可能给孩子提供一个大一些的、安全的、可供自由探索的空间。比如，可以适当改造一下自己的家，给门装上安全围栏，给插座装上安全罩，给尖锐的桌角包上海绵等，将家改造成儿童安全房。

如果条件不允许，也可以只改造部分房间。放置一些可供婴幼儿自由攀爬、翻滚的玩具，如小型滑梯等，促进其动作发展。

实践应用

访谈几位 0～3 岁婴幼儿的家长：

1. 是否有单独的儿童房，有的话，房间是怎么布置的，供婴幼儿自由活动的空间大吗？

2. 没有儿童房的话，家中是否给婴幼儿布置了一个比较宽敞、安全的空间？

相关政策

《全国家庭教育指导大纲（修订）》提出，防止意外，重要的是要提高安全意识。

提高安全意识。提高家长有效看护意识和技能，指导家长消除居室和周边环境中的危险性因素，防止儿童意外伤害发生。

（三）为孩子提供更多运动机会 >>>>>>>>>>>>>>>>>>>>>>>

适当运动不仅可以促进婴幼儿的身体发育、大脑神经分化，还可以为婴幼儿动作技能的发展提供锻炼的机会，家长可以采用以下方式。

运动时家长要尽量陪伴或者辅助孩子，并遵循“时间短、次数多”的原则。比如，可以边放音乐边让孩子跳舞、做操；可以和孩子一起拍皮球、踢足球、投篮；还可以和孩子一起跳绳、跳房子，或者爬楼梯；等等。

对于年龄稍微大一些的婴幼儿来说，如在婴幼儿 1 岁以后，家长就可以引导孩子参与运动。为了增强运动的趣味性，激发婴幼儿运动的兴趣，游戏是一种非常重要的方式。

（四）通过多样化的游戏促进婴幼儿动作的发展 >>>>>>>>>>>

运动可以促进婴幼儿大动作的发展，游戏则可以促进婴幼儿精细动作（主要是手的动作）的发展，总体来说可以根据动作的种类进行划分。

第一，“塞”东西的游戏，即把东西塞到洞里面或者瓶子里面的游戏，如塞核桃、纸团等。

第二，“穿”东西的游戏，即把一些小珠子用线串起来的游戏，如穿木珠、穿积木等。

第三，“按”东西的游戏，即把一个东西按进某个物体中，如按蘑菇钉、魔术贴等。

第四，“贴”东西的游戏，即把一些图形贴在背景上形成新的图形的游戏，如贴树叶、花朵、卡通图片等。

第五，“卷”东西的游戏，即通过两只手的配合把物体卷起来的游戏，如卷纸、毛巾、衣服等。

第六，“舀”东西的游戏，即通过勺子把东西从一个容器舀到另一个容器中，如舀水、米粒、沙子等。

在进行亲子游戏之前，家长需要准备合适的道具或者玩具，可以直接购买，也可以就地取材，自己制作。

温馨提示

1. 在游戏过程中，要注意婴幼儿的安全性，避免婴幼儿误食、误吞游戏道具。

2. 游戏前，家长要为婴幼儿正确演示玩游戏的方法，方便其模仿学习。

实践应用

1. 针对上面的几类游戏，你可以自己先试试，感受下这些游戏可以促进婴幼儿哪些动作能力的发展？

2. 除此之外，你可以自己再设计几种能够促进婴幼儿动作发展的游戏？

思考与练习

1. 简述婴幼儿动作发展遵循的原则是什么？
2. 婴幼儿的动作分为哪几类？
3. 精细动作对婴幼儿发展的主要意义是什么？
4. 婴幼儿最先出现的动作是什么？
5. 婴幼儿的大动作包括哪些？
6. 动作发展如何能促进婴幼儿感知觉的发展？
7. 请说出几种适合婴幼儿动作发展的运动或者游戏，并说明如何玩。

学习任务 3.2
掌握婴幼儿感知觉发展特点及家庭促进方法

萌萌的妈妈观察到，快 1 岁的萌萌特别喜欢色彩鲜艳的东西，一到超市或商场，她的眼睛就不够用，一直到处看；会针对各种声音做出敏捷的反应，也喜欢用手敲敲打打；更喜欢用手触摸、用嘴咬各种能够到的东西。妈妈为萌萌买了各种玩具、摇铃等，有时间就和萌萌做游戏，可以看到萌萌很开心、很满足的样子。在亲子互动过程中，萌萌能很好地理解妈妈的意图，动作也比较灵活。

随着年龄增长，萌萌能够接触到的东西越来越多，“破坏力”也越来越强，玩具扔得到处都是，纸撕得乱七八糟，墙上也涂满了颜色，让人感觉家里无处下脚。

妈妈为了规范萌萌的行为，开始提出各种限制和要求，再加上上班之后特别忙，陪萌萌游戏的时间也少了。过了一段时间，妈妈发现萌萌变得很不开心，与自己的互动也少了，有时候做事情也变得很胆小，很着急。对大人的话也不再很积极地反应了。萌萌的妈妈有点着急，就咨询了家庭辅导老师，知道在这个阶段，孩子正是各种能力发展的重要时期，根据老师的指导，妈妈调整了做法。

学习任务单

学习目标	1. 理解婴幼儿感知觉发展的规律、特点和意义。 2. 掌握促进婴幼儿感知觉发展的有效方法。 3. 指导家长在家庭养育中促进婴幼儿感知觉发展。
学习要点	1. 感知觉对婴幼儿发展的重要意义。 2. 家庭促进婴幼儿感知觉发展的主要方法。
学习设备设施	自制玩具的素材：纸、彩色笔、能发出声音的工具等。
学习时数	1 课时
学习建议	学习前：调研家长与婴幼儿之间的互动、亲子游戏等。 学习中：结合生活中的调研和本任务中的方法，思考有效促进婴幼儿感知觉发展的策略。 学习后：能够设计促进婴幼儿感知觉发展的游戏，并指导家长使用。
学习运用	在培训和与家长沟通时，以及在具体的托育工作中都可以使用。
学习反思	对于本学习任务中提到的促进婴幼儿感知觉发展的策略，你有什么启发？与你原来的理解有差异吗？具体表现在哪些方面？

一、婴幼儿感知觉发展的规律和特点

> **小知识**
>
> 感觉是人脑对于刺激物个体属性的反映。根据刺激来源，感觉可以分为外部感觉（如视觉、听觉、嗅觉、味觉和触觉等）和内部感觉（如饥、渴、平衡觉等）。

感知觉是人类认知的基础，也是最基本的心理活动。刚刚出生的婴儿便有了感觉，并通过感觉探索外部世界。婴幼儿时期是感知觉发展的敏感期。

（一）婴幼儿的感觉发展 >>>>>>>>>>>>>>>>>>>>>>>>>>>>

婴幼儿视觉的发展始于胎儿中晚期，刚刚出生的婴儿就已经具备了一定的视觉能力，并且能够分辨简单的颜色刺激。[①] 不过此时，由于视网膜细胞发育得还不够成熟，新生儿的世界还有点昏暗和模糊。[②] 经过大约 6 个月的快速发展，婴儿的颜色感知接近成人正常水平。

近年来的研究发现，5～6 个月的胎儿就已经建立了听觉系统。婴幼儿自出生后，就已经发展了比较好的听觉以及视听协调能力。另外，婴幼儿对人说话的声音，尤其是对母亲的声音特别敏感。相比高音，婴幼儿更喜欢低音。[③]

婴幼儿具有敏感的嗅觉。他们在胎儿末期就已经具备了一定的嗅觉，并且从出生开始就能够分辨不同的气味，并表现出对难闻的气味（如臭鸡蛋味）的躲避和退缩反应。

婴幼儿的味觉系统在胎儿早期就开始建立，并在出生之前基本发展成熟。婴幼儿拥有非常发达的味觉系统，甚至超过成年人。在所有的味道中，他们更偏爱甜味。

---

① 庞丽娟、李辉：《婴儿心理学》，111～119 页，杭州，浙江教育出版社，1993。

② [加] 居伊・勒弗朗索瓦（Guy R. Lefrancois）：《孩子们——儿童心理发展》，221～229 页，王全志、孟祥志、樊国福等译，北京，北京大学出版社，2004。

③ 周宗奎：《现代儿童发展心理学》，105 页，合肥，安徽人民出版社，1999。

婴幼儿最早的触觉表现是一些非条件反射，如吸吮反射、抓握反射等。触觉是婴幼儿认识世界的主要手段，并且在认知能力和依恋关系的建立中有着重要意义。婴幼儿对外界的触觉探索主要通过口腔和手来进行。他们可以通过口腔触觉来辨别物体的形状、质地，也可以通过一些无意识或有意识的手部动作来探索世界。

实践应用

1. 观察身边的婴儿，看看他们更喜欢什么颜色，在看到不同的颜色时，他们的表情和眼神有什么不同？

喜欢的颜色：__________表情和眼神：__________

不喜欢的颜色：__________表情和眼神：__________

2. 观察身边的婴儿，看看他们在身体、动作上对周围声音有何反应？

声音类型：__________身体和动作反应：__________

声音类型：__________身体和动作反应：__________

3. 观察身边的婴儿，看看他们是怎样探索世界的？

____

（二）婴幼儿的知觉发展 >>>>>>>>>>>>>>>>>>>>>>>>>>>

婴幼儿的知觉是在感觉的基础上逐渐发展和完善起来的。知觉的发展为婴幼儿进一步感知和理解世界提供了条件与基础。

小知识

知觉是人脑对于刺激物整体属性的反映，包括空间知觉和时间知觉等。

1. 婴幼儿的空间知觉

婴幼儿在 3 个月的时候就能够分辨一些简单的图案和形状。[①] 有研究人员通过“视觉偏好”实验发现，婴幼儿更偏爱弯曲的线段、不规则图案、同心圆、对称图案。[②]

扫码学习
“知觉”

刚刚出生的婴幼儿就可以通过听觉来进行空间定位，判断物体的方位。著名的“视崖实验”发现，通常婴幼儿很早就有了深度知觉，能够辨别视觉深度，如图 3-1 所示。通过“视觉逼近”的方法，研究人员发现新生儿就有距离知觉，他们会保护性地闭眼，躲避逼近的物体。

图 3-1 视崖实验

小知识

广义的空间知觉包括方位知觉、深度知觉、形状知觉和大小知觉等，其中形状知觉和大小知觉也被称为物体知觉。

2. 婴幼儿的时间知觉

出生没多久的婴儿就能建立对吃奶时间的条件反射，表现出一定的时间知觉，但是由于时间是比较抽象，因此婴幼儿还仅凭直觉体验时间知觉，较难理解与时

① 庞丽娟、李辉：《婴儿心理学》，175～185 页，杭州，浙江教育出版社，1993。
② 周宗奎：《现代儿童发展心理学》，107 页，合肥，安徽人民出版社，1999。

间有关的词汇，以及准确地知觉时间。随着年龄的增长，以及生活经验的丰富，婴幼儿时间知觉的准确性会慢慢提高，能够理解更短的时间单元。

> 小知识
>
> 时间知觉是指对客观现象延续性和顺序性的感知。时间知觉的信息，既来自外部，也来自内部。

二、感知觉促进婴幼儿全面发展的意义

婴幼儿从出生开始就有了感知觉。感知觉的发展，为婴幼儿探索世界、认识自我等都做好了各种准备，对婴幼儿未来的身体发育、心理发展、社会适应等具有重要意义。

（一）感知觉发展可以进一步促进婴幼儿大脑的发育 >>>>>>>>

大脑的发育不仅仅是脑重量和脑体积的变化，更重要的是脑皮层结构的复杂化和脑机能的完善。感知觉的发展可以为大脑神经细胞的复杂化以及大脑功能的完善提供环境与机会。例如，视觉的发展可以进一步促进大脑视觉皮层的发育等。

> 小知识
>
> 认知神经科学研究发现，3 岁左右婴幼儿的大脑重量已经接近成人的三分之二，脑体积基本接近成人大脑的平均体积。

（二）感知觉发展为高级认知功能等心理活动奠定基础 >>>>>>

感知觉是人类最基本的认知过程和心理活动，是记忆、思维、语言、想象、情绪与社会性等更高级心理活动形成、发展、完善的基础。比如，婴幼儿语言的习得离不开听觉的发展；婴幼儿依恋关系的建立离不开身体的接触，即触觉的发展；婴幼儿社会性的发展也离不开视觉、听觉以及与其他感知觉的协同等。如果没有感知觉提供丰富的直接或间接的经验，就没有更高级的心理活动的形成、发展、完善。

> 小知识
>
> 认知功能指人脑加工、储存和提取信息的能力，高级认知功能包括记忆、思维、语言、想象等心理活动。

（三）感知觉发展促进婴幼儿适应社会、探索世界和认识自我 >

感知觉是婴幼儿适应社会的基础，也是他们探索世界、认识自我的重要手段和主要工具。感知觉的发展为婴幼儿生存、适应社会奠定了良好的基础。由于婴幼儿的活动能力还比较受限制，因此他们会通过触摸、品尝来判断物体的质地、口感。

> 相关政策
>
> 《全国家庭教育指导大纲（修订）》"0～3 岁儿童家庭教育指导要点"中提出要丰富儿童感知经验。
>
> 丰富儿童感知经验。指导家长创设儿童充分活动的空间与条件，充分利用日常生活环境中的真实物品和现象，让儿童在爬行、观察、听闻、触摸等活动过程中获得各种感知经验，促进感官发展。

三、婴幼儿感知觉发展的家庭促进方法

研究发现，家长适当地进行早期指导和干预有助于婴幼儿感知觉的发展。在家庭中促进婴幼儿感知觉能力发展的方法很多，家长可以从以下几个方面进行指导和训练。

（一）创造丰富的家庭生活环境 >>>>>>>>>>>>>>>>>>>>>>>>

婴幼儿感知觉的发展离不开丰富的环境刺激，就像身体的发展离不开各种营养物质一样。为了促进婴幼儿感知觉发展，家长需要创造一个安全、舒适、丰富多彩的家庭环境。

1. 创设促进视觉发展的环境和活动

创造丰富的家庭生活环境，家长可以参照以下要求。

首先，从视觉上来说，要让婴幼儿处于适宜的光线中，不要太暗也不要太亮。比如，可以让其在自然环境中感受光线的变化，感知天黑、天亮，从而刺激婴幼儿眼睛的感光性，促进其视觉发育。

其次，在客厅、婴幼儿的房间或者其他活动区域布置一些色彩鲜艳、形状各异的玩具和图画等。

最后，还可以带婴幼儿去公园、广场等场所，引导他们观察各种小动物、花花草草等。

2. 创设促进听觉发展的环境和活动

首先，可以给婴幼儿创造一个有自然声音的环境，让其感受走路声、开门声、关门声、说话声、鸟叫声、汽车声等各种自然存在的声音。

其次，还可以人为地创造一些声音，如玩具的音乐声、敲击声、碰撞声、铃声等。婴儿还不会说话，但家长仍然要多和他们说话、交流，或读书给他们听，不仅可以促进婴幼儿的听觉发展，更对婴幼儿的语言发展有着重要的促进作用。

3. 创设促进触觉发展的环境和活动

一方面，家长要给婴幼儿多做身体抚触；另一方面，家长可以多为婴幼儿创造一些吮吸、触摸、感受不同质地、形状物品的机会。例如，可以在婴幼儿活动的区域放置一些软硬不同、质感不同的积木、娃娃等玩具，让他们摸一摸。

随着婴幼儿年龄增长，家长可以充分利用大自然中的事物，如各种日常生活用品、食物等，让婴幼儿去触摸和探索。

温馨提示

家长为婴幼儿提供丰富味觉体验时，也要保证以健康为主。例如，在食材上，尽量选择新鲜、营养丰富的天然食物，1 岁前不加糖、盐以及其他调味剂。1 岁以后，辅食也要注意少糖少盐，尽量保持食物的天然味道。

练一练

1. 如果有人请你为准妈妈开展一次培训，主题是关于婴儿出生后的家庭环境布置，你想从哪些方面进行介绍?

2. 根据你选定的培训内容，设计一个培训方案和框架。

4. 创设促进嗅觉和味觉发展的环境、活动

从嗅觉和味觉上来说，家长可以让婴幼儿闻不同的气味，品尝各种水果、蔬菜的味道等。

（二）与婴幼儿进行丰富的互动游戏

家长与婴幼儿之间最初的互动、交流和配合（如用手指或者玩具逗婴儿）其实就是早期的亲子游戏。这些亲子游戏不仅可以帮助婴幼儿积累丰富的感知觉经验，为进一步的认知发展奠定基础，还有助于婴幼儿动作、语言、情感与社会性的发展。

1. 使用视觉类亲子游戏

视觉类亲子游戏，能够促进 0～6 个月婴儿视觉和听觉的发展。典型的视觉类亲子游戏有“视觉追踪”。家长可以用彩带、彩球，或者其他颜色鲜艳的玩具、图片、日用品等来吸引婴儿，慢慢移动，引起婴儿的注意和兴趣，并让其用眼睛跟踪物

体。对于9个月以上的婴儿，家长还可以通过简单的拼图游戏、形状搭配游戏等来促进其视觉能力和颜色知觉能力发展。

练一练

1. 访谈几位0～3岁婴幼儿的家长，看看平时家长和孩子一起做什么游戏？

游戏类型1:________________

游戏类型2:________________

游戏类型3:________________

2. 在上述家长提到的游戏中，哪些能够促进婴幼儿的视觉发展？

____

____

2. 使用听觉类亲子游戏

典型的听觉类亲子游戏有"声源定位"。家长可以用一些日常用品、玩具或者有趣的说话声音等吸引婴幼儿的注意，并让其寻找发声的位置。例如，家长可以喊婴幼儿的名字，或者摇铃铛，还可以敲击小鼓、空瓶子、桌椅等。唱儿歌、讲绘本故事等也可以作为听觉类亲子游戏促进婴幼儿感知觉发展。

练一练

1. 请根据本学习任务中的方法，结合你的创意，设计几种促进婴幼儿感知觉发展的亲子游戏。

游戏:____________促进哪些能力的发展:____________

游戏:____________促进哪些能力的发展:____________

2. 将你设计的几种游戏介绍给家长，请他们在家庭使用，并跟踪效果。

____

____

3. 使用触觉类亲子游戏

典型的触觉类亲子游戏有"婴儿按摩""抓玩具"等。父母尽量与婴幼儿有更多的肌肤接触，并多爱抚婴幼儿，这样既可以发展婴幼儿的触觉，又可以培养其安全感。比如，家长可以利用洗澡的时间或者睡觉之前的时间和婴幼儿玩挠痒痒、拍身体等游戏，还可以做亲子抚触操、手指按摩操等，轻轻按摩婴幼儿的手指、手掌、背部、腹部等。家长还要有意识地与婴幼儿玩不同类型的游戏，如抓手指、搭积木等能发展婴幼儿触觉的游戏。

4. 使用嗅觉和味觉类亲子游戏

家长可以和婴幼儿一起玩"闻一闻""尝一尝"的亲子游戏，锻炼他们的嗅觉和味觉。比如，拿一些香蕉、苹果、菠萝等有自然香味的水果，让婴幼儿闻一闻。

由于生理和心理发展水平不同，针对不同年龄的婴幼儿，适合的亲子游戏的内容和方式也有所差别。因此，家长要选择符合婴幼儿年龄特点的亲子游戏。

某一类型的亲子游戏可能对多种感知觉的发展都有促进作用，以上推荐的不同种类的亲子游戏也可以融合起来使用。家长可以根据家庭实际情况，发挥更多的能动性，创造出属于自己家庭的独特的亲子游戏。

（三）为婴幼儿挑选合适的玩具

玩具可以为婴幼儿的感知觉发展和心理发展提供必要的载体。具体来说，能够促进婴幼儿感知觉发展的玩具有以下几类。

1. 视觉类玩具

视觉类玩具的第一个特点是颜色鲜艳，多以饱和的红色、黄色、蓝色等为主。第二个特点是形状各异，有圆形的、椭圆形的、长条形的、卡通人物或动物形状的。典型的视觉类玩具有：彩色的卡片、图画、挂历、海洋球等。

2. 听觉类玩具

听觉类玩具大多是可以发声的工具，如拨浪鼓、音乐盒、电子琴、沙锤、带音乐的玩具枪、铃铛等。除此之外，家庭中的空瓶子、玻璃杯、门窗、桌椅等，以及自然界中的石头、树叶等都可以成为婴幼儿的听觉类玩具。

3. 触觉类玩具

所有可以供婴幼儿抓握、触摸的物品其实都可以成为婴幼儿的触觉类玩具，如毛茸茸的玩具熊、冰凉的串珠、柔软的棉被等。家长应该尽可能地为婴幼儿挑选不同质地、硬度、形状的触觉类玩具，为婴幼儿提供不一样的触觉体验。

4. 其他类玩具

大多数玩具都是集多种功能于一体的，严格来说并不属于某一种单一类型的玩具。比如，前面提到过的彩色球、电子琴、音乐盒等既是视觉类玩具也是听觉类玩具，同时也可以是触觉类玩具。

温馨提示

在为婴幼儿挑选玩具时既要注重功能性，也要注意安全性。比如，应该挑选无毒的、符合卫生安全要求和有质量保障的，以及在玩耍时不会刺伤或者划伤婴幼儿的玩具。另外，家长还可以选择自然界或者生活中已有的物品、器具作为玩具，或者利用这些物品自制玩具。

练一练

1. 调查一下身边的家长，他们家中的玩具主要有哪些？
2. 这些玩具分别促进婴幼儿哪些感知觉的发展？

思考与练习

1. 请简要说明感觉和知觉的区别？
2. 婴幼儿对外界的触觉探索主要通过哪些部位？
3. 为什么要促进婴幼儿的感知觉发展？
4. 为了视觉的发展，新生儿适合处于哪种光线下？
5. 为婴幼儿挑选玩具时应该注意哪些问题？
6. 请利用身边的材料，设计几款促进婴幼儿感知觉发展的小玩具，并说明使用方法。

学习任务 3.3
掌握婴幼儿语言发展特点及家庭促进方法

童童1岁7个月了，但是他现在能说的话还很少，大多数时候，他还只会发出“嗯嗯”“啊啊”的声音。比如，当他看见爸爸吃东西的时候，会一边挥舞着手臂一边发出“嗯——嗯——”的声音，好像在说：“我也想吃。”妈妈很着急，因为小区里其他与童童差不多年龄的小朋友有的都已经能说一些词或者简单的句子了，也有些跟童童的情况差不多。为什么不同婴幼儿虽然年龄相近，但语言发展的差异这么大呢？

童童妈妈向说话早的、说的词汇比较多的婴幼儿的家长请教。好几个妈妈都说，平时在家里多给孩子放一些歌谣、故事，多跟孩子说话，也让孩子多模仿自己说话。童童妈妈按照这几个妈妈的建议，在家里给童童讲故事，跟孩子聊天，鼓励孩子说话。过了几个月，妈妈惊喜地发现快2岁的童童能够蹦出很多单字，然后是一些词，好像一夜之间童童就“开窍”了，而且特别喜欢模仿家长的话。

学习任务单

学习目标	1. 理解婴幼儿语言发展的规律、特点和意义。 2. 掌握促进婴幼儿语言发展的有效方法。 3. 指导家长在家庭中促进婴幼儿语言发展。
学习要点	1. 婴幼儿语言准备期与发展期的年龄划分和特点。 2. 不同阶段婴幼儿语言发展的家庭促进策略。
学习时数	1 课时
学习建议	学习前：观察生活中 0 ～ 3 岁婴幼儿的家长是如何与婴幼儿进行语言交流和对话的？婴幼儿是如何做出反应的？ 学习中：结合本学习任务中的一些方法，思考家长在促进婴幼儿语言发展上存在的一些误区。 学习后：能够解答家长关于婴幼儿语言发展的困惑并指导家长采用合理的方法。
学习运用	在培训和与家长沟通时，以及在具体的托育工作中都可以使用。
学习反思	在本学习任务中，针对婴幼儿语言发展的规律和特点的介绍，你有什么启发？介绍的一些方法对你指导家长有没有实际帮助？

一、婴幼儿语言发展的特点

语言是人际交流的重要工具，是婴幼儿在发展过程中掌握的最复杂的符号，也是婴幼儿认知发展的重要内容之一。语言是婴幼儿在听觉系统、发音器官和大脑神经中枢发展成熟的基础上逐渐习得的。

（一）了解 0 ~ 1 岁婴儿语言发展的特点 >>>>>>>>>>>>>>>>

0 ~ 1 岁婴儿对语音尤其敏感，他们的语音感知能力和语音分辨能力基本上在这个时期发展成熟，他们逐渐从咿呀学语到发出“嗯嗯啊啊”的声音，再到开始能够听懂成人所说的话。

练一练

观察身边的婴幼儿在没有学会说话之前，是如何与成人沟通的？

（二）理解 1 ~ 3 岁幼儿语言发展的特点 >>>>>>>>>>>>>>>>

1 ~ 3 岁是幼儿掌握词汇、语法规则的关键时期，也是幼儿语言理解能力和语言表达能力飞速发展的阶段。在这段时间里，幼儿每年会以不同的速度掌握大量的词汇。到大约 3 岁时，他们大概能掌握 1000 个词。[①] 在词汇量快速增长的同时，他们掌握词汇的种类也在逐渐增多。在这个阶段，幼儿掌握最多的是名词，其次是动词，最后是其他种类的词语，如代词、形容词、副词、连词等。幼儿真正开始学会说话将经历单词句、双词句（电报句）、简单句、复杂句四个阶段。

小知识

词语爆炸现象在 19 个月至 2 岁，通常是在 20 个月的时候婴幼儿会表现出词语爆炸现象，指的是他们掌握词语的速度突然加快，掌握的词语数量激增的一种现象。在这个时期，他们会掌握大量的关于事物的名词，如“妈妈”“爸爸”“汽车”“奶奶”“鸭子”“苹果”等，也会掌握一些非名词，如“抱”“给”“拿”“走”等。

实践应用

访谈几位 0 ~ 3 岁婴幼儿的家长，看看不同年龄阶段婴幼儿的语言特点是什么？

1. 0 ~ 1 岁婴儿的语言特点是什么？
2. 1 ~ 2 岁幼儿的语言特点是什么？
3. 2 ~ 3 岁幼儿的语言特点是什么？

二、语言发展为婴幼儿理解世界带来新的可能性

语言发展是婴幼儿心理发展的重要内容之一，能够帮助婴幼儿建立概念、发展思维、调节行为、激发想象等。

---

① 林崇德:《发展心理学》，178 页，杭州，浙江教育出版社，2002。

小知识

思维是指人用头脑进行逻辑推导的属性、能力和过程。0~3 岁处于形象思维时期，6 岁开始出现逻辑思维的萌芽。

（一）语言发展可以促进认知发展

语言与思维之间有着紧密的联系。通过语言，婴幼儿可以建立概念，获得初步的具体形象思维能力，并为抽象逻辑思维的发展奠定基础。

（二） 语言发展可以促进情感与社会性的发展

语言是人际沟通和交往的重要工具，也是传递情感的桥梁。语言的发展可以促进婴幼儿情感的发展，提高婴幼儿的社会交往能力。除此之外，语言发展对婴幼儿的智力、学习、记忆、想象、动作发展等均有重要意义。

相关政策

《全国家庭教育指导大纲（修订）》中提出家长要为儿童提供言语示。

提供言语示范。指导家长为儿童创设宽松愉快的语言交往环境，通过表情、肢体、语言等多种方式与儿童交流；提高自身语言表达素养，为儿童提供良好的言语示范；为儿童的语言学习提供丰富的机会，运用多种方法鼓励儿童表达；积极回应儿童，鼓励儿童之间的模仿和交流。

三、有效促进婴幼儿语言发展的方法

婴幼儿语言发展离不开生理的成熟、丰富的语言环境以及科学的家庭养育方式。根据婴幼儿语言发展的阶段性特点，可以对不同年龄阶段婴幼儿开展有针对性的家庭教育，促进其语言能力的发展。

（一）针对 0 ～ 1 岁婴儿，可以采用的家庭促进方法

虽然大多数婴儿还不会说话，但他们对语音非常敏感，也有了交流的意愿，甚至还会试着模仿大人说话的语音语调。可以说，这个年龄阶段的婴儿已经在说话的边缘跃跃欲试。因此，对于 0～1 岁的婴儿来说，家长可以从以下几方面促进婴幼儿语言能力的发展。

1. 多让婴儿进行听觉练习

说的前提是听，婴幼儿在胎儿时期就已经有了一定的语音听觉能力，所以，家长可以抓住胎儿后期的时间，多和胎儿说话、讲故事，或者唱歌给胎儿听。

婴儿出生后，家长可以通过游戏的方式对他们进行听觉训练，如“听音寻物”“听声找人”等（具体方法请参考本专题学习任务 3.2，关于婴幼儿感知觉发展的内容）。加强语音听觉训练的主要方法还是要多和婴幼儿说话，进行语言交流，给予婴幼儿充分的语音环境刺激。

2. 指导和增加婴儿的发音练习

发音器官的成熟是婴幼儿语言发展必不可少的生理基础之一。加强婴幼儿发音练习不仅可以促进其发音器官结构和功能的完善，还可以为婴幼儿奠定基础。

实践应用

1. 观察 0 ~ 1 岁婴儿在和他们的家长互动的过程中，家长的语言的典型特点是什么？

2. 观察 0 ~ 1 岁婴儿在和家长语言互动的过程中，是如何模仿及回应家长的？

根据婴幼儿语言发展的特点，大约从 4 个月开始，婴儿就可以在家长的引导下通过模仿发出一些简单的声音。在这个时期，家长可以多和孩子进行互动交流

或者玩发音游戏。比如，可以一边模仿婴儿的面部表情，一边发出相应的声音，引导婴儿发声；也可以指着一些卡片，教婴儿发音。总之，在对婴儿进行发音训练时需要多借助日常生活中的事物，与情境相结合。

3. 多激发婴儿的交流需求

首先，要理解 1 岁之前的婴儿虽然还不能说话，但并不代表他们没有交流的需求和愿望。实际上，我们可以看到这个年龄阶段的婴儿已经通过一些面部表情、动作、手势，甚至语音来表达他们的需求，与家长进行交流。这种强烈的交流需求可以进一步促进婴儿语言能力的发展。

其次，家长可以在生活中多与婴儿互动，多给婴儿创造社交的机会，并且有意识地适当引导婴儿表达。比如，拿出婴儿最喜欢的玩具或者多带婴儿外出见识不同的人。

> **温馨提示**
>
> 需要注意的是，激发婴幼儿的交流需求不应该强迫其与陌生人交流，也不能使用批评或者惩罚的方式。

（二）针对 1 ～ 3 岁幼儿，可以采用的家庭促进方法 >>>>>>>>>

经过 1 岁之前的语言准备期后，幼儿的语言能力会在 1～3 岁飞速发展。这是幼儿掌握词汇的关键期，也是幼儿口头语言发展的关键期。家长可以从以下几个方面促进婴幼儿语言能力的发展。

1. 帮助幼儿积累更多的词汇

1～2 岁是婴幼儿掌握词汇的关键期。幼儿掌握词汇数量的多少与幼儿的生活环境、教育条件息息相关。可以指导家长采用以下家庭促进方法。

首先，要理解幼儿词汇的获得不是凭空产生的，而是在与人的互动、交流中逐渐掌握的。

其次，在生活中，成人可以和幼儿进行语言互动与交流。比如，家长可以和孩子玩“指认物品”的游戏，帮助孩子积累日常生活中的词汇。例如，家长可以在孩子喝奶的时候，跟他们说“牛奶”；也可以一边指着爸爸的照片一边跟孩子说“爸爸”；在出去玩的时候，看到身边的物品，也可以随时跟孩子玩“这是什么”的游戏。

最后，除了利用日常生活中的物品之外，家长还可以选择一些合适的卡片或绘本，如动物卡片、水果卡片、软绘本等帮助幼儿积累词汇。

> **想一想**
>
> 有的家长为了不让孩子“捣乱”和不缠着自己，就给孩子一个电子产品，还会说里面也有声音和人的对话，能帮助孩子学习语言，你认同这种做法吗？为什么？

2. 帮助幼儿发展口头表达能力

经过 2 岁的词语爆炸期之后，幼儿已经掌握了大量的词汇，也能够进行简单的交流。2～3 岁是幼儿口头表达能力发展的关键时期。家长可以通过让幼儿看图说话，复述故事，练习儿歌、童谣，扩大社交范围等多种方式来发展其口头表达能力。

第一，看图说话。家长可以借助卡片、图画书等，引导幼儿表达。例如，家长可以问孩子“这是什么”“小猫在干什么”“小猫手里拿着什么”等一系列问题，通过一问一答的形式启发和引导幼儿说话。

第二，故事复述。家长可以和幼儿一起阅读适合其年龄段的绘本，或者给幼儿讲绘本中的故事，引导他们发问，最后请他们复述故事中的情节。例如，给幼儿讲完三只小猪的故事之后，可以说："宝宝，妈妈今天给你讲了什么故事？"或者让幼儿把听过的故事讲给其他家庭成员听。

第三，练习儿歌、童谣。儿歌、童谣具有一定的韵律，是幼儿比较喜欢的语言形式。家长可以结合玩具、卡片、书籍以及生活情境等引导幼儿练习儿歌、童谣。在练习的过程中，还可以加入一些简单的动作，如拍手、扭腰等，既促进幼儿语言的发展，也促进其动作的发展。

第四，扩大社交范围。在日常生活中，家长可以让幼儿接触更多的人，增加其交流的机会，以此促进幼儿语言能力的发展。

实践应用

通过调查，了解 2～3 岁幼儿的家长在促进幼儿语言发展方面主要采用了哪些方法？

	使用得较少	使用得一般	使用得较多
看图说话			
复述故事			
练习儿歌、童谣			
多扩大社交范围			
其他补充			

（三）用积极正向的方式对待婴幼儿语言发展中的问题 >>>>>>>

家长要理解婴幼儿的语言就是在不断地模仿和学习中发展起来的。婴幼儿在模仿和学习说话的过程中不可避免地会出现一些错误，如发音错误、发音不准确或语句错误等。这个时候，一方面，家长要注意不能嘲笑或讥讽孩子，也不要觉得好玩就去重复或模仿婴幼儿的发音；另一方面，对于一些无关紧要的内容，家长可以选择忽视，如果一定要纠正的话，则要注意用正常的语音语调和语气告诉婴幼儿正确或准确的表达。比如，当婴幼儿错误地把妈妈叫成爸爸时，可以告诉他们"这是妈妈"，并且多重复几次。

总之，在婴幼儿学习语言的过程中，家长要秉持鼓励、宽容、平和的态度，给婴幼儿一些时间，也给他们提供学习的机会，帮助他们建立学习的自信。

思考与练习

1. 婴幼儿掌握最多的词汇是什么？
2. 婴幼儿语言发展的一般规律是什么？
3. 婴幼儿词语爆炸现象出现在哪个年龄阶段？
4. 哪些做法可以促进婴幼儿词汇量的增长？
5. 设计一款适合婴幼儿语言发展的亲子游戏，并说明操作方法。

学习任务 3.4
掌握婴幼儿其他认知能力发展特点及家庭促进方法

轩轩的妈妈特别注意开发孩子的智力，买了各种益智玩具、早教书籍，教孩子认字、数数、背诗、画画等。

但每当轩轩坐在沙发旁投入地玩积木时，妈妈总会时不时地过来问："轩宝，你要不要吃水果？"或者叮嘱："轩宝，你该喝水了。"在看到轩轩不会或者忘记某些内容时，不等孩子自己想一想，轩轩的妈妈就特别着急地直接给出答案。有时候轩轩的想法和书里的答案不一致，妈妈也特别着急地打断他，或者说"你说的不对"。后来妈妈发现，轩轩虽然背唐诗等内容时挺快的，但是注意的时间特别短，一会儿就坐不住了，感觉轩轩"毛毛躁躁"的。妈妈还发现另外一个现象：轩轩在叙述书里的故事时会自己编造很多情节，有的时候还会说故事书里讲得不对，应该是"什么什么样的"。

妈妈很担心和疑惑：为什么孩子会坐不住呢？为什么孩子自己编造故事呢？在幼儿园的一次讲座中，轩轩的妈妈了解到婴幼儿的注意力、想象力等的发展特点，并且知道了家长该如何做才能帮助婴幼儿发展这些能力。

学习任务单

学习目标	1. 理解婴幼儿注意、记忆、想象、思维等能力发展的规律、特点和意义。 2. 掌握促进婴幼儿注意、记忆、想象、思维等能力的有效方法。 3. 指导家长在家庭中促进婴幼儿注意、记忆、想象、思维等能力的发展。
学习要点	1. 注意、记忆、想象、思维等能力在婴幼儿整体发展中的作用。 2. 掌握指导家长在家庭中促进各项能力发展的方法。
学习设备设施	自制玩具等
学习时数	2 课时
学习建议	学习前：阅读并理解婴幼儿注意、记忆、想象、思维等能力发展的规律和特点。 学习中：结合本学习任务中给出的家庭促进方法，观察在现实生活中家长使用方法的有效性和科学性。 学习后：能够自己设计相应的游戏，并指导家长掌握有效的方法。
学习运用	在培训和与家长沟通时，以及在具体的托育工作中都可以使用。
学习反思	对于婴幼儿注意、记忆、想象、思维等能力的发展，在学习了本任务之后，与你之前的理解有什么不同？

一、婴幼儿其他认知能力发展的一般特点

小知识

从心理学意义上来讲，婴幼儿的认知能力包括感知觉、注意、记忆、思维、语言、想象等。

扫码学习
"丰富成长环境促进婴幼儿的认知发展"

当我们谈到婴幼儿的智力和智力开发的时候，通常指的是婴幼儿的“认知能力”和“认知能力发展”。其中，学习任务 3.2 和学习任务 3.3 已经分别阐述了婴幼儿的感知觉和语言能力的发展。本学习任务将主要阐述婴幼儿注意、记忆、想象和思维等其他认知能力的发展。

（一）注意 >>>>>>>>>>>>>>>>>>>>>>>>>>>>>>>>>>>>>>

小知识

注意是指人的心理活动指向和集中于某种事物的能力，可以分为无意注意和有意注意。

婴幼儿从刚出生就有了注意，其表现形式主要是先天的定向反射。此时，他们的注意具有选择性的特点，复杂的、不规则的、集中的、对称的刺激物更能引起他们的注意。1 岁以后，幼儿注意的事物越来越多，范围越来越广，注意持续的时间也越来越长。幼儿可以逐渐集中注意力看图片、看图画书、听故事、听儿歌等。将近 3 岁时，他们的有意注意逐渐发展起来了。

（二）记忆 >>>>>>>>>>>>>>>>>>>>>>>>>>>>>>>>>>>>>>

小知识

记忆是识记、保持、再认识和重现客观事物所反映的内容和经验的能力，可以分为瞬时记忆、短时记忆和长时记忆。

婴幼儿自出生后不久便有了记忆。3 个月以前，婴儿以短时记忆为主，并逐渐发展出长时记忆能力。1 岁以后，幼儿已经能够记住不同家庭成员的模样，2 岁以后还能逐渐记住儿歌、故事的内容。总体来说，婴幼儿的记忆能力还有巨大的发展潜能。

（三）想象 >>>>>>>>>>>>>>>>>>>>>>>>>>>>>>>>>>>>>>

小知识

想象是人在已有形象的基础上，在头脑中创造出新形象的过程，可以分为无意想象和有意想象。

随着婴幼儿动作、感知觉、语言以及生活经验的丰富，他们的想象能力也开始发展。不过，此时他们以无意想象为主，想象的内容还比较简单，通常通过游戏的方式把日常生活中的简单行为重现出来，如学着妈妈的样子抱娃娃睡觉，给娃娃穿衣服、打针等。总体来说，婴幼儿的想象还缺乏目的性、自觉性，多为零散的片段。

（四）思维 >>>>>>>>>>>>>>>>>>>>>>>>>>>>>>>>>>>>>>

小知识

思维最初是人脑借助于语言对事物的概括和间接的反应过程。思维以感知为基础而超越感知的界限。通常意义上的思维，涉及所有的认知或智力活动。它探索与发现事物的内部本质联系和规律性，是认识过程的高级阶段。

婴幼儿还处于思维的产生和萌芽阶段。根据皮亚杰认知发展理论，2 岁之前的婴幼儿处于感知运动阶段，主要通过感知觉和动作来认识世界。2 岁以后，幼儿开始进入前运算阶段。总体来说，婴幼儿的思维具有明显的“自我中心化”特点，缺乏可逆性、相对性，很大程度上依赖于具体的形象和事物，并且很难区分想象和现实。

二、其他认知能力发展为婴幼儿带来更丰富的世界

注意是婴幼儿感知、认识世界的第一道大门，也是记忆、语言、想象、思维等认知能力以及情感与社会性发展的基础。没有注意能力的发展，就没有心理的发展。

记忆可以让心理活动在时间上得以保存和延续，是婴幼儿最初的学习活动，

影响着语言、思维、想象、情感与社会性的发展。没有记忆，就没有经验的积累，就没有复杂心理过程的发展。

想象是思维的翅膀，是创造力的一部分。婴幼儿想象能力的发展可以进一步促进思维、语言、记忆等能力的发展，也为其后续的学习、游戏等活动奠定基础。没有想象，就没有创造力的发展。

思维是一种高级的心理活动，是婴幼儿认知能力发展的重要内容之一，是智力的重要组成部分。婴幼儿智力水平的高低往往取决于其思维发展的水平。

实践应用

通过调查，了解 0~3 岁婴幼儿的家长在孩子哪些能力的发展方面有困惑？

	困惑较少	困惑一般	困惑较多
注意			
记忆			
想象			
思维			

三、促进婴幼儿其他认知能力发展的有效方法

（一）指导家长采用有效促进婴幼儿注意力发展的方法 >>>>>>

1. 选择合适的玩具非常重要

家长首先要了解婴幼儿以无意注意为主的特点。那些鲜艳的、动态的、较大的物品、人脸照片以及可以操作的物品，更容易引起婴幼儿的注意。

家长可以选择那些能吸引婴幼儿注意的玩具，让他们观察、摆弄和探索，如颜色鲜艳的海洋球、会跳的小青蛙、可以转动的音乐盒、人脸照片等。

2. 减少家长的干扰

有些家长喜欢在孩子集中注意力做事情时去打扰他们。比如，当孩子正在专心致志地摆弄玩具时，家长可能会忍不住去问：“宝宝，喝水吗？”或者说：“来，宝宝，我告诉你怎么玩。”

当婴幼儿正在集中注意力探索外部世界时，家长不轻易去打扰，就是对其注意力发展的有效保护。

练一练

调研 0~3 岁婴幼儿的家长：

1. 当婴幼儿在专注做事情的时候，家长一般会因为什么事打断他们？

2. 请家长观察一下，婴幼儿被打断后的反应是什么？他们在动作和语言方面的表现是什么？

3. 提供丰富的游戏机会

游戏是婴幼儿的天性，家长可以通过亲子游戏的方式发展婴幼儿的注意力。适合在家庭中开展的培养婴幼儿注意力的游戏有以下 4 种。

第一，寻物游戏。对于 6 个月之前的婴儿，家长可以用一些能够吸引其注意力的玩具，如颜色鲜艳的花朵或婴儿最喜欢的玩具等，在婴儿眼前移动，吸引其注意。

第二，照镜子游戏。家长可以把婴幼儿抱到镜子前，让其观察镜子中的人物。同时，家长还可以带着婴幼儿一起做出一些动作变化，引起他们的注意。

第三，木头人游戏。当家长发出“1，2，3，木头人”的指令后，婴幼儿就不许动了，停顿几秒后，家长发出“解冻”的口令，婴幼儿又可以自由移动。由于每一次停顿的时间长短不固定，因此，婴幼儿需要集中注意力才能完成游戏。

第四，听指令做动作游戏。当家长说出某个身体器官，如“鼻子”，婴幼儿要用手摸鼻子。家长可以逐渐加快口令的速度，让婴幼儿指认自己的身体部位。

练一练

请你根据婴幼儿能力发展的特点，设计几种能够促进记忆、想象、思维能力发展的游戏。

游戏 1:__________促进什么能力发展？__________________________

具体玩法:____

游戏 2:__________促进什么能力发展？__________________________

具体玩法:____

游戏 3:__________促进什么能力发展？__________________________

具体玩法:____

（二）指导家长采用有效促进婴幼儿记忆力发展的方法 >>>>>>

记忆可以通过习惯化、条件反射等表现出来。家长可以利用生活中的各种机会，帮助婴幼儿发展记忆能力。

1. 联系实物的方法

可以让婴幼儿躺在玩具车内，每次踢腿时，玩具车就发出音乐声；还可以教婴幼儿认识自己的身体部位、身边的人以及生活中的物品等来训练其记忆力。可以指着婴幼儿的鼻子说:“这是鼻子。”过一段时间后再指着他的鼻子问:“这是什么？”看见苹果时告诉婴幼儿:“这是苹果。”过一段时间后，再问他:“这是什么？”

2. 藏东西游戏

婴幼儿特别喜欢玩藏东西的游戏，并且当婴幼儿自己能够找到藏的东西时，婴幼儿的记忆甚至自信都有很好的强化和发展。家长可以利用这个特点，多和孩子玩找东西和藏东西的游戏。例如，可以拿出孩子喜欢的玩具吸引其注意力，然后把玩具收起来，让他们自己去寻找，或者让孩子藏东西，家长寻找。

3. 复述儿歌、故事等

婴幼儿的机械记忆能力比较发达并且有较大的发展潜能。随着婴幼儿语言能力的发展，家长可以试着让他们进行复述，可以先从简单的儿歌或者顺口溜开始，逐渐过渡到一些复杂的古诗、绘本故事等。比如，读儿歌“小白兔，白又白，两只耳朵竖起来，爱吃萝卜爱吃菜，蹦蹦跳跳真可爱”时，家长可以和孩子一起边念边配上身体动作，既可以培养孩子的记忆力，还有利于其动作、语言的发展。

想一想

在生活中，你观察到家长经常采用哪些方法帮助婴幼儿发展记忆能力？其中哪些方法比较有效？为什么？

（三）指导家长采用有效促进婴幼儿想象力发展的方法 >>>>>>

典型案例

妈妈带着 3 岁的小丽去草原旅行，当她看到蓝天、白云、羊群时，忍不住对着白云说：“哇！好多棉花糖呀！”妈妈立刻回答说：“不对，那不是棉花糖，那是白云。”

想一想：小丽的妈妈这样回答是否合适？

在生活中我们经常会看到很多家长像小丽的妈妈一样，可能在无意中就破坏了婴幼儿的想象力。如何做才能有效促进婴幼儿想象力的发展呢？家长可以从这几个方面入手。

1. 丰富婴幼儿的生活经验

婴幼儿想象力的发展离不开生活经验的积累。家长要为孩子提供丰富的生活经验，带孩子体验不同的生活，鼓励孩子多听、多看、多模仿、多观察、多感受等。比如，家长可以带孩子多亲近大自然，去感受大自然中各种奇妙的现象、美丽的事物。

2. 让婴幼儿体验多种表达方式

阅读、美术、音乐等都具有可创造的内容，是培养婴幼儿想象力的好方法。因此，家长可以充分利用这些形式来发展孩子的想象力。具体来说，可以采用以下家庭养育方式。

第一，编故事。家长可以鼓励婴幼儿自己编故事，或者给儿歌、绘本故事等编结尾。比如，家长在给孩子讲故事，讲到精彩的地方时，故意停顿一下，让孩子猜一猜：“接下来会怎么样？”

第二，绘画。家长可以鼓励孩子发挥想象力，创作出新奇的绘画作品，也可以和孩子一起玩“拼贴画”“你画我猜”等绘画游戏。

第三，听音乐。家长可以在和孩子一起听音乐的时候，鼓励孩子发挥想象力，体验音乐中的情感和意境，如让孩子想象“看见了什么”“感受到了什么”，还可以在生活中利用乐器或玩具自己创作音乐。

3. 鼓励婴幼儿在游戏中体验

家长可以多和孩子玩以下两类游戏。

一是扮演类游戏，即模仿生活中或者故事中某种角色的游戏，有时候也被称作“过家家”。为了更好地完成这类游戏，家长可以引导孩子在生活中多观察、多注意角色的特点，用来丰富游戏的情节。比如，观察妈妈是如何带小宝宝的，医生是如何看病的，售货员是如何卖东西的。除此之外，还可以鼓励孩子发挥想象力，将故事中的情节和内容表演出来。

二是建构类游戏，即使用沙子、泥土、雪、玩具、纸盒、木棍、树叶、食物等生活中或者自然界中的物品进行有创意的、搭建的游戏，如玩沙子、堆雪人、建纸屋、拼小人、搭积木等。家长应该支持、鼓励婴幼儿参与这些游戏，而不是以“脏”“捣乱”等理由阻止他们参与其中。

实践应用

观察家长在帮助孩子发展想象力方面，主要采用了下面哪些方法？

1. 为了丰富孩子的生活经验，家长的具体做法有哪些？
2. 让孩子体验多种表达方式，家长的具体做法有哪些？
3. 让孩子在游戏中发展想象力，家长的具体做法有哪些？

（四）指导家长采用有效促进婴幼儿思维发展的方法 >>>>>>>>

婴幼儿的智慧主要是在感知觉和运动的过程中发展起来的。在家庭中，家长可以采用以下方法，帮助孩子发展思维能力。

1. 为孩子创造丰富、可探索的环境和机会

家长可以为孩子提供尽可能丰富、有趣的物品或玩具，并鼓励他们通过不同的方式去探索，多动手动脑。比如，可以给婴幼儿选择不同纹理、材质、手感、形状、大小，或者可自由搭建的玩具或物品，如积木、拼图等，让孩子通过触摸、敲打、摇动、滚动等不同的方式来探索这些玩具或物品。

另外，家长还可以将现实生活中的物品当作玩具，并通过创新的方式来玩，如用卫生纸制作围巾或者裙子。

2. 在生活和游戏中家长可以多提问

首先，家长可以多利用生活或游戏中的场景，通过“为什么”“怎么办”“去哪里”“干什么”等提问方式引发婴幼儿思考。比如，妈妈结束工作回家后，可以问“宝宝，妈妈去哪里了？去干什么了”；和婴幼儿一起外出时，可以问“为什么树叶会掉下来？”“小鸟要飞到哪里去？”等问题。

其次，在孩子回答问题的时候，家长要让他们充分表达自己的观点和想法，不要随意打断或者给出家长已有的结论。因为婴幼儿的记忆、想象，都是思维发展的重要组成部分。

3. 鼓励孩子自己解决问题

家长首先要在生活和游戏中尽可能为孩子提供支持，如一些物品的准备等，但不要代替孩子去做。家长可以给孩子一段时间让他们自己探索，然后再向孩子展示如何做，而不是直接讲解或替他们完成。

婴幼儿在尝试自己解决问题的时候，需要比较、想象、回忆、建构、动手操作等，这些环节有助于婴幼儿发展思维能力。当孩子暂时失败时，家长要积极地鼓励，激励他们坚持尝试。

4. 在生活和游戏中练习分类

家长可以利用生活中的物品，或者在游戏中教婴幼儿根据事物的不同属性，如根据颜色、大小、用途等进行分类，培养孩子的归纳、概括能力。比如，家长在洗衣服时，让孩子按照不同的颜色将衣服分类。

婴幼儿可以在玩游戏时将某一种颜色的物体找出来，放在相应颜色的盒子里，在游戏过程中自然地融入思维的练习。

思考与练习

1. 婴幼儿的认知能力包括哪些？各种认知能力之间的关系如何？
2. 如何通过游戏集中婴幼儿的注意力？请设计一款亲子游戏。
3. 请举例说明，促进婴幼儿记忆力发展的方法有哪些？
4. 婴幼儿智力开发是不是就等于思维能力训练？
5. 请举例说明，如何通过阅读促进婴幼儿的思维能力发展？
6. 请举例说明婴幼儿想象力的重要性以及培养方法。
7. 请根据婴幼儿认知能力发展特点，设计一款适合多种认知能力发展的游戏，并说明玩法。
8. 小明在画画时，画了一个蓝色的太阳，妈妈看见后说："太阳应该是红色的，不是蓝色的。"请评价一下小明的妈妈的行为，并说明理由。
9. 童童是一位 2 岁左右的幼儿，他说话的时候总是前言不搭后语的，经常说了前面忘了后面。请问这种情况正常吗？请说明理由。

学习任务 3.5
掌握婴幼儿情绪与社会性发展特点及家庭促进方法

朵朵是个 2 岁半的女孩，她最近变得脾气越来越大了。有时候，家长拿走了她的玩具或者零食后，她就会表现出不高兴，嘟起小嘴，做出鬼脸，甚至一定要拿回来；当她特别想出去玩的时候，家长如果太忙，或者赶上了吃饭的时间不能出去，朵朵就会发脾气、哭闹；妈妈还注意到，朵朵最近特别喜欢穿妈妈的鞋，踩着大大的高跟鞋在房间里走来走去，拿着口红模仿妈妈化妆的样子，对着镜子照来照去，并且喜欢玩给娃娃穿衣服的游戏；和小朋友一起玩的时候，有时候特别友好，对别人微笑，主动打招呼，把玩具给别人，但有时候又特别敏感，跟其他人争抢玩具，不理睬别人等；有时候情绪变化快，上一秒哭，下一秒可能就笑了。

朵朵的妈妈觉得婴幼儿真的不好琢磨，他们为什么突然有这么多的变化呢？她咨询了一位有经验的幼儿园的老师，才知道婴幼儿的情绪、性别意识在这个阶段都有了快速的发展，朵朵的妈妈因此学习了一些新的养育方法。

学习任务单

学习目标	1. 理解婴幼儿情绪与社会性发展的规律、特点和意义。 2. 掌握促进婴幼儿情绪与社会性发展的有效方法。 3. 指导家长在家庭中促进婴幼儿情绪与社会性发展。
学习要点	1. 情绪与社会性发展对婴幼儿发展的重要意义。 2. 指导家长重视婴幼儿情绪与社会性的发展，并掌握在家庭中促进婴幼儿情绪发展的方法。
学习时数	1 课时
学习建议	学习前：对家长进行调查，了解家长对婴幼儿情绪、性别意识和社会性发展的理解，以及所采用的具体方法。 学习中：结合在本学习任务中给出的方法，与实际生活中的典型场景进行结合，思考哪些方式是有效促进婴幼儿情绪与社会性发展的策略？ 学习后：能够解答家长关于婴幼儿情绪、性别意识、社会性发展方面的疑问并指导其掌握科学的方法。
学习运用	在培训和与家长沟通时，以及在具体的托育工作中都可以使用。
学习反思	在学习本内容之前，你对情绪、性别角色和社会性发展是如何理解的，是否掌握了一些具体的方法？学习之后，对你的帮助大吗？具体表现在哪些方面？

一、婴幼儿情绪发展的意义和家庭促进方法

（一）了解婴幼儿情绪发展的特点 >>>>>>>>>>>>>>>>>>>>>>>

婴幼儿从出生开始便会因为生理需要得到满足而感到愉快，或者因为身体不舒服而感到不愉快。随着一天天长大，他们的情绪体验和情绪反应会变得逐渐丰富、复杂起来。

（二）理解情绪对婴幼儿发展具有的重要意义 >>>>>>>>>>>>>>

当语言还没有发展起来的时候，情绪是婴幼儿与他人沟通的一种重要形式。比如，当婴幼儿想吃东西、想睡觉或者身体不舒服时，会通过哭闹、不安的情绪向家长传递信号，表达自己的需求。通过情绪信息的传递，婴幼儿可以从成人那里得到较好的照顾，这对于婴幼儿的生存来说至关重要。

情绪还影响、支配着婴幼儿的认知和行为，促使婴幼儿去做或者不做某些事情。比如，当婴幼儿情绪好的时候，其行为比较积极主动，愿意探索外部世界，也更容易配合他人，反之则表现得不配合、不听话、不爱学习。

除此之外，情绪还可以促进婴幼儿个性的形成。总之，情绪对于婴幼儿的认知、行为、个性和社会性的发展都有重要意义。

（三）指导家长掌握促进婴幼儿情绪发展的方法 >>>>>>>>>>>>

1. 指导家长重视婴幼儿情绪能力的培养

首先使家长意识到情绪调节能力和情绪识别能力是紧密联系的，因此促进婴幼儿情绪发展首先要重视情绪识别能力培养。

对于 0～1 岁婴儿来说，由于他们的语言能力还没有发展起来，因此家长可以从指导婴儿识别表情开始，如可以和他们一起玩“扮鬼脸”的游戏，或者向他们展示各种表情图片。

对于语言能力逐渐发展起来的 1～3 岁幼儿来说，家长可以通过绘画、游戏、角色扮演等方式来教他们识别表情，还可以强调幼儿掌握的情绪词汇。比如，借用绘画告诉婴幼儿一些与情绪有关的词语，如“开心”“生气”“难过”“害羞”等。

2. 指导家长努力营造积极、健康的家庭情绪氛围

首先，使家长理解情绪具有一定的感染性，且婴幼儿情绪的发展与家庭环境、教养方式等均有关系。一个充满紧张、不安的氛围的家庭，也很难培养出一个情绪积极、健康的孩子。

其次，指导家长为孩子营造一个安全、和谐、积极、健康的家庭情绪氛围。如不当着孩子的面吵架，不故意恐吓、指责孩子等。

3. 指导家长为孩子创造更多的社会交往机会

社会交往，尤其是同伴交往可以促进婴幼儿的情绪发展。在与同伴交往的过程中，婴幼儿会表现出更多的积极情绪模式，如微笑、高兴地拍手、友好地抚摸等。

关键术语

情绪是对一系列主观认知经验的通称，是人对客观事物的态度体验以及相应的行为反应。一般认为，情绪是以个体愿望和需要为中介的一种心理活动。

小知识

情绪识别能力是情绪发展的一个方面。在婴儿能理解语词之前，他的看护人就通过一整套情绪表现的模式来交流情感和愿望。在 4 个月时，婴儿就已能区别不同的情绪。向 4～6 个月的婴儿呈现一个成人在高兴、发怒或自然状态下面部表情的幻灯片，婴儿注视高兴表情比注视愤怒和中性表情的时间长。

知识链接

扮鬼脸游戏可以分为两种。一是模仿婴幼儿的表情。比如，当看见婴幼儿在“咯咯”笑时，家长可以模仿他们的表情和声音。二是引导婴幼儿模仿家长的表情。比如，家长先引起婴幼儿的注意，然后做出各种表情，包括难过、生气、开心、害羞、害怕、惊讶等。家长在做表情的时候最好夸张一些，并配上相应的动作、声音。

知识链接

研究发现，母亲的情绪会影响婴幼儿的情绪。比如，当母亲对陌生人表现出紧张、害怕的情绪时，婴幼儿也更容易产生焦虑、恐惧等消极情绪。

因此，家长可以为婴幼儿创造更多、更持久、更深入的社会交往机会，尤其是同伴交往机会。比如，可以约其他家长一起遛娃，邀请小朋友来家里做客等，让孩子有更多机会与同龄人在一起。

二、婴幼儿性别角色发展的家庭促进方法

（一）理解婴幼儿性别角色发展的特点 >>>>>>>>>>>>>>>>>>

小知识

性别角色是个体在社会化过程中通过模仿学习获得的一套与自己性别相适应的行为模式。

婴幼儿认识到“我是男孩”或者“我是女孩”是一个复杂的社会化过程。大多数幼儿在 2 岁之前并不清楚这个问题。从 2～3 岁开始，大部分幼儿能够准确地说出自己和他人的性别，并逐渐掌握了一些与性别角色有关的知识。

比如，男孩子喜欢玩卡车、枪等玩具，女孩子喜欢玩洋娃娃、戴发卡等。不过，这个时期的婴幼儿主要是根据服装、发型等来判断其性别，还没有建立起性别恒常性，即还不能认识到性别不会随着穿着、打扮的变化而变化。

（二）理解性别角色发展对婴幼儿的意义 >>>>>>>>>>>>>>>>>>

实践应用

浩浩的妈妈一直希望有个女儿，但是生了一个男孩。随着浩浩慢慢长大，妈妈喜欢将可爱的浩浩打扮成女孩子的样子，如给他穿上好看的裙子拍照，还把浩浩的房间布置成粉红色。

想一想：你是否赞同浩浩的妈妈的行为？并谈谈你的理由。

扫码学习
“性别角色认同”

性别角色发展是个体社会性发展中的重要内容之一。婴幼儿性别角色发展可以促进婴幼儿自我意识、人格和道德的发展，有助于婴幼儿适应社会，实现社会化，为以后的社会交往、恋爱、婚姻和家庭生活等奠定基础。性别角色发展不好的婴幼儿，未来容易出现性别角色混乱，从而引起各种社会适应问题甚至其他心理问题。

（三）指导家长掌握促进婴幼儿性别角色发展的方法 >>>>>>>>

婴幼儿性别角色发展主要受生理、认知和社会等因素的影响。从家庭的角度出发，可以从以下几个方面促进婴幼儿性别角色发展。

1. 鼓励父亲多参与婴幼儿的养育

小知识

社会学习理论认为，婴幼儿可以通过观察和替代学习了解男性与女性的行为，模仿和追随成年人的这些行为，并最终建立起自己心目中认可的性别角色。

尽管在家庭中，父亲和母亲都对婴幼儿的性别认同起着重要作用，但是大量研究发现，父亲的重要性大于母亲，尤其是对于男孩而言。[①] 如果没有父亲的参与，男孩的男性特征和女孩的女性特征都会减弱。

因此，应该鼓励父亲充分发挥自身的性别角色优势，积极参与到孩子的养育

① 庞丽娟、李辉：《婴儿心理学》，338～348 页，杭州，浙江教育出版社，1993。

过程中来，与孩子互动、一起游戏、运动等，为他们提供更多的性别角色榜样和学习机会。

2. 借助绘本和故事的力量

首先，绘本和故事是婴幼儿喜爱的获取信息的方式，鲜艳的画面、生动的情节最能吸引婴幼儿的注意，是进行家庭教育的重要载体和途径。

其次，绘本和故事书通常蕴含着大量关于性别角色教育相关的内容，可以帮助婴幼儿认识性别，建立性别角色认同意识。因此，家长可以借助绘本、故事中的角色、情节，结合婴幼儿的实际生活经验，通过亲子共读的方式帮助婴幼儿认识和了解性别及性别角色。比如：可以通过和婴幼儿一起阅读《男孩和女孩》《男生女生不一样》《身体的秘密》等绘本，帮助婴幼儿了解不同性别身体的差异；还可以和婴幼儿一起阅读《纸袋公主》《小猫当家》等绘本，帮助他们了解性别角色，破除性别角色刻板印象，建立多元的性别角色观念。

> **相关政策**
>
> 《全国家庭教育指导大纲（修订）》提出要重视发挥家庭各成员角色的作用。
>
> 指导家长积极发挥父亲在家庭教育中的作用；了解父辈祖辈联合教养的正面价值，适度发挥祖辈参与的作用；引导祖辈树立正确的教养理念。

> **温馨提示**
>
> 利用绘本对婴幼儿进行性别角色教育时，需要注意以下问题。
>
> 1. 符合婴幼儿的年龄发展特征，即选择能够引起婴幼儿的兴趣和婴幼儿容易理解的绘本。
>
> 2. 避免选择有性别角色刻板印象的内容，尽量选择兼具典型男性和女性特征人物形象的绘本，并且注意平衡以男性角色为主和以女性角色为主的绘本的数量。

三、婴幼儿亲社会行为发展的方法

（一）了解婴幼儿亲社会行为发展的特点

1 岁多的幼儿就已经表现出一定的亲社会行为。比如，当一个 1 岁多的幼儿在吃东西时，他的妈妈在旁边说：“给我吃一点，好不好？”他便会将手里的东西递给妈妈。看到其他小朋友伤心、难过时，幼儿也会使用动作和语言安慰对方。随着社会交往的深入，以及婴幼儿认知能力的发展，他们会表现出越来越多的亲社会行为，如一起玩游戏、分享玩具等。亲社会行为的发展也是婴幼儿社会化的重要标志。

（二）理解婴幼儿亲社会行为发展的意义

首先，从个体发展的角度来看，亲社会行为有利于婴幼儿良好行为习惯、道德品质和积极情绪情感、自我概念的发展，以及和谐人际关系的建立。

其次，从整个人类社会发展来看，婴幼儿亲社会行为的发展有利于良好社会风气、社会秩序的形成，因此，婴幼儿亲社会行为的发展既有利于个体又有利于群体的发展。

（三）指导家长掌握促进婴幼儿亲社会行为发展的方法

1. 家长成为婴幼儿学习的榜样

在婴幼儿亲社会行为发展的过程中，榜样的作用大于语言。让婴幼儿学会分享、合作、谦让的最好的方法不是家长一遍又一遍地用语言强化，而是通过实际行动去影响他们。

> **关键术语**
>
> 亲社会行为是指人们在社会交往中表现出来的谦让、帮助、合作、分享等有助于社会和谐的行为及趋向。

扫码学习
"亲社会行为"

实践应用

1. 观察婴幼儿，看看他们在交往时有哪些典型的亲社会行为？

2. 把你观察到的婴幼儿的亲社会行为反馈给家长，询问家长在家中是如何培养婴幼儿的这些亲社会行为的？

家庭是婴幼儿社会化和学习亲社会行为的最重要的环境，家长的示范作用至关重要。因此，家长可以在日常生活中为婴幼儿提供观察、学习和模仿的机会。例如，可以和家人或孩子共同分享一个苹果，或者和家人、孩子一起完成做早饭、洗衣服等家务活动。

2. 家长及时回应婴幼儿的良好行为

首先，家长要对婴幼儿的亲社会行为进行及时表扬和奖励，这也是强化婴幼儿亲社会行为的关键。比如，当婴幼儿和别的小朋友一起玩，主动将自己的玩具或者图书分享给对方时，家长可以通过点头、微笑、拥抱、抚摸等身体语言对孩子表达赞许，也可以直接通过语言表达认可，如“我看见宝宝主动分享自己的玩具了，真棒”。

其次，家长要掌握一些基本的回应原则。例如，反馈要及时，在孩子做出亲社会行为之后立刻给予回应。另外，对孩子的反馈要明确具体，用孩子听得懂的语言，告诉孩子哪个行为做得好。

最后，家长应尽量用精神奖励，如表扬、赞美、拥抱等，代替纯粹的物质奖励。

3. 鼓励婴幼儿在同伴交往中发展亲社会行为

同伴交往能够促进婴幼儿亲社会行为的发展，通过同伴交往，婴幼儿可以获得来自同伴的更真实、自然的反馈，这有利于他们更好地学习社会行为规范，调整自己的社交行为。比如，当婴幼儿对同伴微笑或者主动分享时，同伴会相应地做出积极行为，反之，则可能引起对方反感。这种来自同伴的反馈，可以更好地塑造婴幼儿的行为，促进其亲社会行为的发展。

因此，家长应该注意为孩子提供足够的同伴交往机会，多带他们出门结交小伙伴，或者多邀请小伙伴来家里玩耍。

实践应用

明明是一个 3 岁的小男孩，他在和军军一起玩耍时，总是喜欢抢军军的玩具，有时候还打军军。

想一想：假如你是明明的妈妈，你会怎么做？

思考与练习

1. 简述婴幼儿情绪发展的特点与意义。

2. 小红 2 岁多了，每次她不好好吃饭闹情绪的时候，爸爸都会忍不住大声吼她，并且拿怪兽吓唬她。你觉得小红的爸爸的行为是否恰当？会对小红造成什么影响？

3. 有人说“小孩子没有男女之别”。你认为这句话是否正确，并简要说明原因。

4. 请举例说明，应该如何对婴幼儿进行性别角色教育。

5. 在给婴幼儿选择绘本进行性别角色教育时，需要注意什么？

6. 请举例说明亲社会行为有哪些？

7. 如何在家庭中促进婴幼儿亲社会行为的发展？

8. 请举例说明，在使用强化的方法促进婴幼儿亲社会行为发展时，有哪些注意事项。

专题小结

婴幼儿发展的过程就是一个逐渐掌握各种动作技能，发展感知觉、语言、注意、记忆、想象等各种认知能力以及情感和社会能力的过程。婴幼儿各领域能力之间是相互促进、互为基础的关系。为了促进婴幼儿各领域能力的发展，家长需要营造丰富而自由的成长环境，创造足够的亲子、同伴和社会交往机会，引导婴幼儿多看、多听、多说、多玩、多体验、多活动。

学习评价与反思

学完这个专题，你在理解婴幼儿感知觉、动作、语言、情绪和社会性发展的特点与规律，以及在家庭中有效地促进策略方面有哪些具体的收获呢？请完成下面的表格。

自我评价，从 1 到 5 代表你对本专题理解或掌握的程度越来越好，根据你的学习情况在相应的数字下打“√”。

	1	2	3	4	5
知识					
技能					
新启发					

考证指南

《育婴员国家职业技能标准》要求育婴员具备“动作发展指导”的相关知识和技能。

初级

相关知识要求：

4.1.1 粗大动作发展的特点与规律

4.1.2 进行粗大动作游戏的要求与注意事项

4.1.3 精细动作发展的特点与规律

4.1.4 进行精细动作游戏的要求与注意事项

技能要求：

4.1.1 能帮助与指导婴幼儿进行抬头、翻身的练习

4.1.2 能帮助与指导婴幼儿进行坐、爬的练习

4.1.3 能帮助与指导婴幼儿进行站立、行走的练习

4.1.4 能指导婴幼儿进行跑、跳、投掷的练习

4.1.5 能指导婴幼儿进行精细动作的练习

中级

相关知识要求：

4.1.1 婴幼儿操与动作发展的关系

4.1.2 安排婴幼儿操的要求与注意事项

技能要求：

4.1.1 能为婴儿做被动操

4.1.2 能为婴幼儿做主被动操

4.1.3 能为婴幼儿做模仿操

4.1.4 能为婴幼儿做手指操

高级

相关知识要求：

4.1.1 婴幼儿动作训练的内容

4.1.2 婴幼儿动作训练的途径与方法

4.1.3 婴幼儿动作发展规律

4.1.4 婴幼儿动作的核心能力或经验

4.1.5 选择与改编婴幼儿粗大动作、精细动作游戏的要求与注意事项

4.1.6 观察、记录和评析婴幼儿动作能力发展的方法

4.1.7 日常生活教育促进婴幼儿动作发展相关知识

技能要求：

4.1.1 能针对婴幼儿发展水平选择适宜教案，并实施婴幼儿粗大动作游戏

4.1.2 能创设情境，引导婴幼儿粗大动作发展

4.1.3 能针对婴幼儿发展水平选择适宜教案，并实施婴幼儿精细动作游戏

4.1.4 能创设情境，发展婴幼儿精细动作

4.1.5 能观察、记录和评析婴幼儿的动作能力

4.1.6 能针对婴幼儿发展水平选择适宜教案，并实施婴幼儿美劳活动

《育婴员国家职业技能标准》要求育婴员具备“语言能力培养”的相关知识和技能。

初级

相关知识要求：

4.2.1 听说能力发展的特点与规律

4.2.2 进行语言互动游戏的要求与注意事项

4.2.3 讲故事、念儿歌与童谣的要求与注意事项

技能要求：

4.2.1 能与婴幼儿一起玩语言互动游戏

4.2.2 能为婴幼儿讲故事

4.2.3 能为婴幼儿念儿歌、童谣

中级

相关知识要求：

4.2.1 选择发展听说能力的图书或图片的要求与注意事项

4.2.2 选择发展听说能力的有声读物的要求与注意事项

4.2.3 进行婴幼儿听说能力游戏的要求与注意事项

4.2.4 进行婴幼儿节律游戏的要求与注意事项

技能要求：

4.2.1 能为不同月龄阶段婴幼儿选择适宜的图书或图片

4.2.2 能与婴幼儿一起玩听说游戏

4.2.3 能与婴幼儿一起玩节律游戏

4.2.4 能引导婴幼儿正确表达意愿

高级

相关知识要求：

4.2.1 选择与改编婴幼儿听说游戏的要求与注意事项

4.2.2 观察、记录和评析婴幼儿听说能力发展的方法

4.2.3 婴幼儿阅读的要求与注意事项

技能要求：

4.2.1 能为不同年龄阶段婴幼儿选择和改编适宜的语言游戏

4.2.2 能创设情境，发展婴幼儿的听说能力

4.2.3 能观察、记录和评析婴幼儿的语言能力

4.2.4 能指导婴幼儿进行早期阅读

《育婴员国家职业技能标准》要求育婴员具备“认知能力培养”的相关知识和技能。

初级

相关知识要求：

4.3.1 感官教育及认知能力发展的特点与规律

4.3.2 开展婴幼儿触摸、听觉、视觉、嗅觉、味觉游戏的要求与注意事项

技能要求：

4.3.1 能与婴幼儿一起玩触摸、听觉、视觉、嗅觉、味觉活动

4.3.2 能正确鼓励与呵护婴幼儿的好奇心

中级

相关知识要求：

4.3.1 婴幼儿认知游戏的主要分类、作用与特点

4.3.2 进行婴幼儿认知游戏的要求与注意事项

4.3.3 婴幼儿艺术表现游戏的作用与特点

4.3.4 进行婴幼儿艺术表现游戏的要求与注意事项

技能要求：

4.3.1 能与婴幼儿一起玩指认、配对、分类、排序的游戏

4.3.2 能与婴幼儿一起玩数的游戏

4.3.3 能与婴幼儿一起进行涂鸦、动手能力的创意活动

4.3.4 能与婴幼儿一起进行周围环境的探究活动

高级

相关知识要求：

4.3.1 选择与改编婴幼儿认知游戏的要求与注意事项

4.3.2 观察、记录和评析婴幼儿认知能力发展的方法

技能要求：

4.3.1 能为不同年龄阶段婴幼儿选择和改编适宜的认知游戏

4.3.2 能创设情境，训练婴幼儿认知能力

4.3.3 能观察、记录和评析婴幼儿的认知能力

《育婴员国家职业技能标准》要求育婴员具备“社会性（情感）能力培养”的相关知识和技能。

初级

相关知识要求：

4.4.1 婴幼儿啼哭的缘由、类型和特征

4.4.2 婴幼儿依恋的相关知识

技能要求：

4.4.1 能辨识婴幼儿的啼哭，并给予及时的回应和适宜的保教

4.4.2 能与婴幼儿保持良好的关系

中级

相关知识要求：

4.4.1 婴幼儿基本情绪情感的特点

4.4.2 识别和应答婴幼儿情绪情感反应的方法、要求与注意事项

4.4.3 婴幼儿社会性发展的特点

4.4.4 进行促进婴幼儿社会性发展游戏的方法、要求与注意事项

技能要求：

4.4.1 能识别和应答婴幼儿的基本情绪反应

4.4.2 能引导婴幼儿进行社会性发展游戏

高级

相关知识要求：

4.4.1 亲子游戏与婴幼儿情绪、情感和社会性行为发展的关系

4.4.2 选择和改编亲子游戏的要求与注意事项

4.4.3 观察、记录和评析婴幼儿情绪、情感的方法

4.4.4 婴幼儿常见社会性问题行为的方法

4.4.5 观察、记录和评析婴幼儿社会性行为发展的方法

技能要求：

4.4.1 能为不同年龄阶段婴幼儿选择和改编适宜的社会性游戏

4.4.2 能创设情境，培养婴幼儿良好的情绪、情感

4.4.3 能观察、记录和评析婴幼儿情绪、情感的发展

4.4.4 能创设情境，培养婴幼儿亲社会行为

4.4.5 能观察、记录和评析婴幼儿社会性行为的发展

专题四
家庭养育方式及其对婴幼儿的影响

浩浩今年2岁多了，是家里唯一的男孩子。从出生之前开始，他就是家里的“中心”和“焦点”。爸爸妈妈都希望把最好的给他，可以说对他是“有求必应”。他不吃饭时，妈妈就会追在他屁股后面喂；他想要新玩具时，爸爸就赶紧买回来；他犯错打人时，妈妈总是说“他还小，不懂事”。

林林也是一个男孩子，他的爸爸妈妈认为男孩子要“穷养”，不能惯，所以从小对他非常严格，从来不宠孩子。如果林林犯错了，他的爸爸就会严厉地惩罚他；但如果林林表现得好，也几乎得不到表扬。

作为一个未来的托育工作者，你更赞同浩浩的爸爸妈妈还是林林的爸爸妈妈的养育方式？为什么？什么样的养育方式才是对婴幼儿最好的呢？你会倾向于指导家长选择哪种育儿方式？

>> 学习内容

1. 了解四种常见的家庭养育方式及其特点。
2. 深入理解家庭养育方式对婴幼儿身心发展的影响。
3. 掌握并指导家长采用适宜的养育方式。

>> 学习初体验

在身边找几位家中有0～3岁婴幼儿的家长进行观察，并回答以下问题。

1. 家长对婴幼儿的态度整体上是宽松的还是严格的？
2. 在一些小事的选择上，是婴幼儿做决定还是家长做决定？

>> 学习交流

和其他人交流一下你的调查结果。

____

____

>> 知识框架图

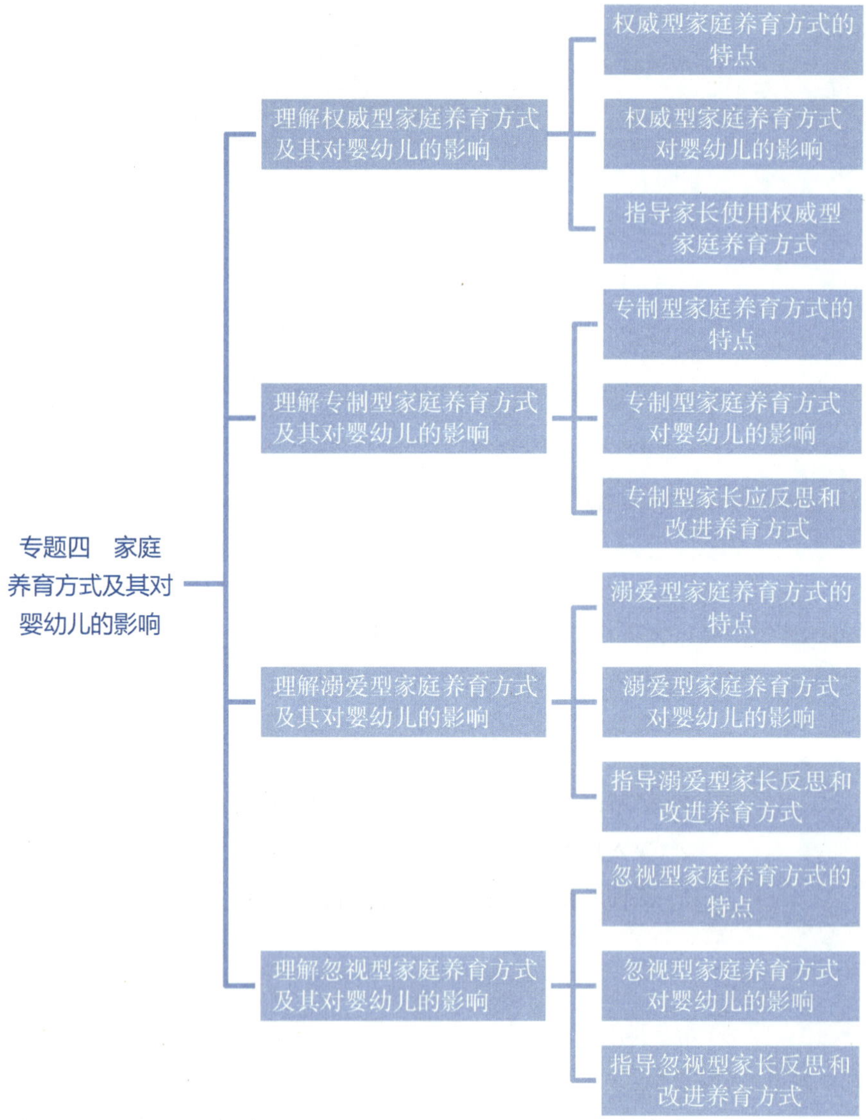

学习任务 4.1
理解权威型家庭养育方式及其对婴幼儿的影响

放学后，亮亮和田田总喜欢在托育园里玩会儿再回家，几乎每天都会上演的一幕是：到时间了，亮亮不愿意走，亮亮妈妈使用各种说辞：“再不走，明天就不许在这儿玩了。”“等会儿天黑，大灰狼出来了。”“你不走，我就走了。”在妈妈的威胁、吓唬、斥责下，亮亮每天都很不情愿地跟着妈妈回家。亮亮妈妈发现田田妈妈每天很顺利地就带田田走了，就向田田妈妈请教。田田妈妈说，她和田田说好了每天玩到六点就回家做饭，她还问田田希望自己怎样提醒她回家，田田说，只要妈妈说“小熊等着吃蜂蜜”，她就知道不能再玩儿了。原来是这样啊，给孩子提出明确的要求，并且一起商量好规则，孩子的事情就让他自己充分参与进来。亮亮妈妈一下子就明白该怎么做了。

美国心理学家戴安娜·鲍姆林德根据父母对孩子的接受反应程度、控制要求程度的高低，提出了四种基本的家庭养育方式：权威型、专制型、溺爱型、忽视型。

关键术语

家庭养育方式是指父母在教育和抚养孩子的过程中所表现出来的一种相对稳定的行为方式，包括教养态度和情感、教养行为和家庭感情氛围等。

扫码学习
“体验——父母养育方式评价”

学习任务单

学习目标	1. 了解权威型家庭养育方式的特点。 2. 理解权威型家庭养育方式对婴幼儿的影响。 3. 指导家长成为权威型养育者。
学习要点	1. 权威型家庭养育方式对婴幼儿发展的影响。 2. 指导家长掌握并使用更多的权威型养育方法。
学习时数	1 课时
学习建议	学习前：观察身边的权威型家长，其养育方式的特点是什么？ 学习中：结合本学习任务中给出的权威型养育方式的特点，想一想这样的养育方式对婴幼儿各方面的发展有何影响？ 学习后：能指导家长理解权威型养育方式的特点，并能够在实际养育孩子的过程中加以运用。
学习运用	在培训和与家长进行沟通时，以及在具体的托育工作中都可以使用。
学习反思	在学习本内容之前，你对家庭养育方式是如何理解的？权威型养育方式对你有什么启发？

实践应用

1. 如果你观察到一些家长的家庭养育方式属于忽视型的，你会如何引导他们？

2. 制定一个简单的方案，并在班里分小组进行介绍。

一、权威型家庭养育方式的特点

想一想

有两位妈妈，A妈妈根据自己的想法，把孩子每天学习英语、钢琴和绘画等兴趣班的时间安排得满满的；B妈妈根据孩子的兴趣爱好和身心发展水平，每天晚饭后带着孩子一起阅读半小时的英语绘本和画半小时亲子画。

你觉得哪位妈妈的方式更符合权威型养育方式？

权威型父母属于“高要求”“高反应”类型。他们往往对孩子有比较“高”或者“严”的要求，但同时又会给予孩子充分的爱与尊重、理解与支持，帮助孩子达到成长的目标。

权威型父母和孩子之间存在一种“亦师亦友”的关系，有以下几个具体特点。

（一）家长在理性的基础上，设立规则与要求 >>>>>>>>>>>>>

权威型父母往往对孩子的成长和未来有较高的期望与要求，并且会为孩子设立明确的行为目标，希望把孩子培养成为更优秀的人。因此，他们会对孩子的学习、为人处世、待人接物等都有明确的规划和要求。比如，希望孩子在吃饭时遵守餐桌礼仪，与长辈、同伴交往时要有礼貌，自己的事情要自己做，等等。当孩子出现不恰当的行为时，他们会做出适当的约束和限制，并监督孩子努力达到目标。总之，权威型父母会设定高标准，严格要求孩子，但是这些要求都是合理的，是建立在理性的基础之上的。

（二）家长在平等的基础上，与孩子建立积极的情感关系 >>>>>

权威型父母会对孩子提出较高的要求，但是他们并不会缺乏父母应该有的温情，会和孩子平等地沟通、交流，主动关心孩子，耐心倾听孩子说话，用孩子可以接受的方式和孩子讲道理。当孩子与家长有不同的意见时，他们会理解和尊重孩子的想法；当孩子出现情绪变化时，他们能敏锐地觉察出来；当孩子发问时，他们能够耐心地解释。

例如，晚上 9 点多，孩子依然在看动画片，不去睡觉。面对这种情况时，有的父母会直接上前关掉动画片；有的父母可能会给孩子提出要求，让孩子关掉动画片去睡觉。权威型父母则可能会提出更有建设性的提议，如“你是想现在就去睡觉，还是再看 5 分钟之后去呢”。

（三）家长关注并鼓励孩子的积极行为 >>>>>>>>>>>>>>>>>>>>

典型案例

星星是一个 2 岁多的小男孩，他最近变成了一个让爸爸妈妈头疼的“小问号”，总是喜欢追着爸爸妈妈问为什么，如“为什么要睡觉”“为什么不能挑食”“为什么要上幼儿园”……

想一想：假如你是星星的家长，你觉得应该如何正确处理这个问题？

首先，权威型父母更关注孩子的积极行为，而不是关注孩子做得不够好的地方。例如，当孩子试着自己吃饭，但把饭菜撒了一地时，权威型父母更多看到的是孩子的独立性和主动性。当孩子问了很多问题时，他们关注的是孩子的好奇心和探索精神。

其次，权威型父母在对孩子提出要求时，首先会和孩子解释具体要怎么做，以及为什么要这样做；同时，他们会和孩子讨论，允许并鼓励孩子表达自己的想法，会使用表扬和鼓励的方式对孩子的良好行为进行反馈。比如，在孩子吃饭这件事情上，他们可能会这样做：首先告诉孩子“你是大孩子了，可以自己吃饭了”，然后征求孩子的意见，“你是想自己吃还是妈妈喂你”，如果孩子选择自己吃，则鼓励孩子“妈妈相信你一定可以的”或表扬孩子“宝贝真棒，可以自己吃饭了”。

二、权威型家庭养育方式对婴幼儿的影响

典型案例

快 3 岁的华华黏着妈妈不肯睡觉。妈妈告诉他：“你已经长大了，可以自己睡觉了。”结果华华还是哭闹，于是妈妈拿出华华最喜欢的玩具熊，让他做选择：“你是想和小熊一起睡觉，还是自己一个人睡呢？”华华想了想，决定和玩具熊一起睡。

想一想：妈妈的做法对华华有哪些好的影响？

在权威型家庭养育方式中，父母既为孩子的成长制定了一定的规则和提出了一些要求，也给予了孩子充分的关爱和肯定，给孩子营造了一个平等、自由、理解和包容的养育环境。在这样的家庭环境中成长起来的婴幼儿更有安全感，拥有更好的性格、更强的社会交往能力以及更健康的身心状况等。具体来说，权威型家庭教育方式对婴幼儿的影响表现在以下几个方面。

（一）有利于培养婴幼儿良好的生活习惯 >>>>>>>>>>>>>>>>>

首先，研究发现，权威型家庭养育方式可以发展婴幼儿的食物选择能力，培

养科学的进食速度和数量。[①] 可见，权威型家庭养育方式有利于婴幼儿养成主动进食、不偏食挑食的良好饮食习惯。

其次，权威型家庭养育方式有利于婴幼儿养成良好的睡眠、如厕、讲卫生等生活习惯，如按时独立睡觉、饭前便后洗手等。权威型父母可能会使用鼓励、表扬或者给予孩子一定的选择权等方式来约束孩子的不良生活习惯，帮助孩子养成良好的生活习惯。

（二）有利于培养婴幼儿积极的情绪情感，建立安全型依恋关系 >

婴幼儿时期家庭教育的一个重要任务就是帮助孩子建立安全感，形成安全型依恋关系。这对婴幼儿未来的成长至关重要。

实践应用

找到身边权威型养育方式的家庭，进行以下的观察。

1. 家长是如何向孩子提出要求的，具体的语言为____________________

____

2. 当孩子遇到困难的时候，家长是如何回应的？

____

权威型家庭养育方式的一个典型特点就是“高反应”。“高反应”的意思就是父母能够及时响应孩子的内在心理需求，给予孩子足够的爱与支持、尊重、理解等。这些都有利于婴幼儿与父母之间建立良好的亲子关系、积极的情感，从而帮助婴幼儿建立安全型依恋关系。

（三）有利于培养婴幼儿的社会交往能力 >>>>>>>>>>>>>>>>

在权威型家庭中成长起来的婴幼儿具有更好的社会适应能力，掌握更多的社会交往技能，他们具有更强的情绪理解和管理能力，并对同伴更加热情、友好，表现出更多的合作行为。

另外，权威型家庭养育方式注重婴幼儿规则、边界的建立，这些都是与人交往和建立关系必不可少的。

（四）有利于婴幼儿健康人格的形成 >>>>>>>>>>>>>>>>>>>>>

由于权威型家庭养育方式可以为婴幼儿的成长提供一个积极的、安全的、可供自由探索的环境，因此这一类型的家庭养育方式更有利于培养出活泼乐观、独立自主、自尊自信的孩子。

三、指导家长使用权威型家庭养育方式

根据目前大多数研究来看，权威型养育方式与积极的养育结果相联系，因此，

① 李雅芳：《家庭教养方式对幼儿饮食行为的影响》，载《科教导刊》，2015（15）。

这也是一种比较理想的养育方式。如何指导家长成为权威型的父母呢？可以从以下几个方面入手。

（一）保持家庭养育方式的一致性和稳定性

首先，保持家庭内部成员之间在家庭养育方式上的一致性，以保证不同家庭成员对孩子的要求、规范是一致的，帮助孩子形成明确的认知。

其次，父母还需要尽量保持、长期坚持这种有利于孩子发展的家庭养育方式，不要随意改变或更换，以免引起孩子在认知和情感上的不适应。

> **想一想**
>
> 小明吃完橘子后，随手把橘子皮丢在地上，而垃圾桶就在他前面一米远的地方。如果小明的父母询问你他们应该怎样做，你会给他们什么建议呢？

（二）“温柔而坚定”地守住底线，不轻易退让

对孩子提出合理的要求、设定合适的目标之后，如果孩子出现不配合或者不遵守的情况时，父母需要做到坚守底线、“言出必行”，不能毫无底线地妥协和退让。

不过，在坚守底线时，家长需要注意保持“温柔而坚定”的态度，语言表达要平静、温和，认真倾听孩子的表达，避免强制或者逼迫孩子。

（三）允许孩子在错误中学习和发展

首先，家长接受孩子的错误并及时加以引导。孩子不可避免地会犯错误，或者出现需要改进的问题。此时，父母需要注意：让孩子有机会经历和体验做错事的后果。犯错之后，家长要及时介入，让孩子明白错在哪里，知道如何改正。

其次，可以让孩子用替代行为弥补自己的错误，如孩子没有把垃圾扔到指定的位置，可以让孩子选择做另外 2～3 件“让家里变整洁”的事情，如扫地、收拾小书架等。

（四）学会倾听，并尊重孩子的选择

孩子不是家长的私有财产，而是有独立人格的个体。因此，父母需要平等对待孩子。首先，需要学会倾听孩子的声音，多和孩子沟通交流。其次，要尊重孩子的选择，不强迫孩子接受自己的意见，可以通过平等地讨论、交流达成统一意见。

思考与练习

1. 常见的家庭养育方式有几种？分别是什么？
2. 权威型家庭养育方式的特点是什么？
3. 权威型家庭养育方式对婴幼儿的发展有什么影响？
4. 权威型家庭养育方式对婴幼儿养育有哪些启示？
5. 人们常说的“严而不厉”“温柔坚定”“讲理又讲爱”指的是哪种家庭养育方式？
6. 孩子不饿，父母强迫孩子吃饭，并追着孩子喂饭，要求孩子必须把饭吃完。请问这是权威型家庭养育方式吗？为什么？

7. 妈妈要求孩子每天自己吃饭，但奶奶总是偷偷喂孩子吃，这对孩子会造成什么影响？

8. 跟孩子说好了再看 5 分钟动画片就不看了，但是 5 分钟时间到了，孩子仍然没有关闭电视。妈妈说了好几遍了，孩子仍然无动于衷，并说“我再看 5 分钟就关”。如果你遇到这种情况，会如何处理？为什么？

9. 听说家长需要给孩子设定规则和提出要求，所以妈妈决定让 3 岁的孩子每天坐在桌子前学习古诗词 2 小时，不背熟练不让吃饭。请问这样做是否合适？为什么？

10. 采用权威型家庭养育方式，当孩子犯错误时，家长需要注意什么？

学习任务 4.2
理解专制型家庭养育方式及其对婴幼儿的影响

2011 年，一位美籍华裔母亲蔡美儿出版了一本自传式图书《虎妈战歌》。这位虎妈是耶鲁大学法学院的教授，有两个混血女儿。她为两个女儿制定了十大戒律，经常采用“咒骂”“威胁”“贿赂”“利诱”等严厉、残酷的手段教育孩子，并要求孩子必须按照父母为他们选择的道路努力，蔡美儿的这种育儿方式也被称作“虎妈式”育儿。人们常说，“棍棒底下出孝子”“玉不琢不成器”“好孩子都是逼出来的”。虽然时代已经发展进步了，但现在仍然有不少家长认为，教育孩子就应该严厉。在生活中，也可以看到很多家长对孩子一味地提要求，要求孩子绝对地服从自己，达不到标准就严厉地惩罚等。

你如何看待这种“虎妈式”育儿？你认为这种家庭养育方式对婴幼儿有什么影响？如果有家长向你咨询的时候表达了他们自己平时也是这样对待孩子的，你会如何回应家长呢？

学习任务单

学习目标	1. 了解专制型家庭养育方式的特点。 2. 理解专制型家庭养育方式对婴幼儿的影响。 3. 指导专制型家长觉察并反思自己的养育方式。

续表

学习要点	1. 专制型家庭养育方式对婴幼儿发展的影响。 2. 指导专制型家长反思和改进自己的养育方式。
学习时数	1 课时
学习建议	学习前：观察身边的专制型家长，他们的行为、语言有什么典型特点？ 学习中：结合本学习任务中给出的专制型养育方式的特点，想一想这样的养育方式对婴幼儿的发展有何影响？ 学习后：能指导家长反思自己的养育方式的特点，并能够在实际养育孩子的过程中进行改进。
学习运用	在培训和与家长进行沟通时，以及具体托育工作中都可以使用。
学习反思	在学习本内容之前，你对专制型家庭养育方式了解吗？学习之后，引发了你什么样的思考？

一、专制型家庭养育方式的特点

专制型父母属于“高要求”“低反应”的类型，他们和权威型父母一样，都对孩子有很高的要求，但与权威型父母不同的是，他们很少关心孩子的内在需求和感受，只是一味地要求孩子无条件服从。专制型家庭养育方式具有以下几个特点。

（一）家长对孩子要求高且不合理

专制型父母非常重视纪律、规则等，通常对孩子也有“高标准”“严要求”，甚至有时候这些要求会显得过于严苛、不近人情。与权威型父母不同的是，专制型父母在制定这些要求和标准时，通常不会征求孩子的意见或者考虑孩子的实际情况，而是单纯地从自己的需求和角度出发。所以，他们的要求往往看起来有些不合常理。比如，虎妈蔡美儿要求小女儿在练琴时，要从傍晚一直弹到深夜，这期间既不允许喝水吃东西，也不允许上厕所。

（二）家长要求孩子有高度的服从性

在专制型父母眼中，服从胜过一切，他们要求孩子无条件地服从自己的安排、要求，不允许有任何违拗、反抗，并且不给孩子任何解释。

想一想

彤彤是一个2岁多的女孩，妈妈要求她平时不允许看电视、手机、平板电脑；不能和隔壁邻居小东一起玩；不能吃别人的零食，只能吃妈妈买回来的；吃饭的时候不能把衣服弄脏；出去玩时不能在地上打滚、玩沙子、玩泥巴……

彤彤妈妈这种做法对孩子的成长有什么影响？

典型案例

妈妈带着孩子在外面玩耍。孩子看到刚刚下过雨的路面上有一个小水坑，于是好奇地跑过去踩，玩得不亦乐乎。这时候，专制型的妈妈发现了，一般会立马呵斥：“小宝，赶紧过来，别踩了！”如果孩子仍然不过来，她可能会用更严厉的语气说：“赶紧过来，听到没有？”最后，妈妈还可能直接过来把孩子拉回家，没有任何解释，也不会考虑孩子的反应。

很多时候，孩子会问："为什么要这样？"专制型父母往往会回答："因为这是我说的，我说这样就这样，没那么多为什么。""你听我的就行了，我这是为你好。"所以，专制型父母和孩子之间通常是一种单向的沟通，或者说没有沟通，只有命令和要求。孩子没有机会表达自己的想法，父母也不理解孩子的想法，更不关注孩子的内心需求。

（三）家长有强烈的控制欲望 >>>>>>>>>>>>>>>>>>>>>>>>>

专制型家庭养育方式有时候也被称作"直升机育儿"或者"密集型育儿"。这是因为专制型父母经常就像直升机一样盘旋在孩子上空，监控着孩子的一举一动，让孩子没有喘息的空间。他们有非常强的掌控欲望，希望可以掌控孩子的所有事情，小到吃什么、怎么吃，穿什么、怎么穿，和谁玩等，大到将来要上什么学校，从事什么职业等。"有一种冷叫妈妈觉得你冷""有一种饿叫妈妈觉得你饿"就是对专制型父母的形象描述。

做一做

家长可观看电视剧《小欢喜》《以家人之名》，并谈谈对专制型父母的理解，以及专制型父母对孩子的影响。

（四）家长经常批评、指责、威胁孩子 >>>>>>>>>>>>>>>>>>>>

专制型父母很少使用鼓励、表扬等积极的方法教育孩子。即使当孩子表现得很好的时候，他们也很少对孩子表现出满意，或者夸奖和奖励孩子，甚至可能对孩子提出更高的要求。当孩子遇到问题、表现不好或者犯错误时，专制型父母通常会采用批评、训斥、惩罚、威胁等简单粗暴的方法，有时候还会使用暴力解决问题，包括冷暴力。

比如，当孩子吃饭的时候不小心把饭菜打翻了，专制型父母可能会严厉地呵斥孩子："你怎么弄的，这么不小心。""你下次再这样，就别吃了。"当孩子把玩具丢得满地都是时，专制型父母可能会威胁孩子："你再这样，我以后再也不给你买玩具了。""你不收拾好，我就把这些玩具都丢掉。"

二、专制型家庭养育方式对婴幼儿的影响

典型案例

青青 2 岁多了，看到妈妈正在做饭洗菜，他也想过来帮忙。但是妈妈却说："你能干什么？别给我帮倒忙。"

你觉得妈妈这样做会对孩子造成什么影响？

在专制型家庭中成长起来的孩子，往往容易出现两种情况：一是缺乏主动性

和积极性，胆小自卑，不善于人际交往，也更容易出现抑郁、焦虑等心理问题；二是容易习得父母的行为方式，表现出控制、冲动和攻击性等倾向，出现行为问题。具体来说，专制型家庭养育方式对婴幼儿的影响表现在以下几个方面。

（一）不利于婴幼儿自我意识和主动性的发展 >>>>>>>>>>>>>

到 2 岁左右，幼儿逐渐有了自我意识，并进入了人生中的“第一个反抗期”。这个时候，原本乖巧的幼儿开始和父母作对，并把“不”“不要”“我自己来”等语言挂在嘴边。所以，这段时期也被称作“可怕的 2 岁”。此时，幼儿会主动要求自己动手吃饭、穿衣服、喝水，甚至想要帮父母扫地、做饭，等等。此时，如果父母总是拒绝幼儿，想要掌控他们，告诉他们“这也不行”“那也不行”，那么幼儿将逐渐失去自我，自我评价越来越低。久而久之，幼儿可能会习惯性地听父母的话，失去独立思考的能力，遇到事情的时候优柔寡断，没有主见，人云亦云。

另外，如果父母总是采用控制、命令的方式对待婴幼儿，他们可能会模仿这种行为方式，从而表现得过于有主见、有想法，听不进其他人的意见和建议。这也可能导致婴幼儿不能正确地认识自己，出现极端自恋、自大的现象。

（二）不利于婴幼儿情绪和情绪调节能力的发展 >>>>>>>>>>>>

专制型家庭养育方式通常会营造一种压抑、紧张的家庭情绪氛围。专制型父母通常自身也比较焦虑、暴躁，从而将这种焦虑、不安传递给孩子。

典型案例

欢欢表示自己最不喜欢的就是舞蹈课，但为了不让爸爸妈妈失望，她会压抑自己真实的感受，假装喜欢舞蹈。不开心的时候，她会偷偷打洋娃娃来发泄自己的不满和愤怒。

想一想：长期下去，会对欢欢情绪和心理有什么影响？

婴幼儿如果长期生活在专制型的家庭环境中，情绪可能会变得敏感、压抑、焦虑，也可能习得父母的暴躁、不安。除了产生这些消极情绪之外，婴幼儿的情绪调节能力也得不到较好的发展，因为他们已经习惯了隐藏自己的真实情绪，通过压抑的方式来调节自己的情绪，或者通过摔东西、骂人、打架等不恰当的方式来发泄自己的情绪。

因此，在这种家庭养育方式下培养出来的婴幼儿在未来更容易出现焦虑、易怒、抑郁、冲动等情绪和行为问题。这也为婴幼儿心理健康问题埋下了隐患。

（三）不利于婴幼儿健康人格和社会交往能力的发展 >>>>>>>>>

研究发现，专制型家庭养育方式不仅会导致婴幼儿不受同伴欢迎，还可能导致儿童出现一些社会退缩行为。[①]

---

① 李霈、叶一舵：《婴幼儿同伴交往中的家庭影响及教育策略》，载《教育评论》，2017（12）。

典型案例

君君从小就非常听话，也很乖。但是，他每次出门都会被小朋友欺负。被别人欺负后，他也不知道还手，也不会找人帮忙，只会站在那里哭。妈妈感到非常困惑："为啥我家孩子那么窝囊呢？"

想一想：你觉得君君为什么"窝囊"？

通常来说，专制型父母更容易养出性格内向、自卑的孩子。这些性格上的弱点，会进一步导致他们在与人交往时出现胆怯、退缩、不自信的表现。另外，由于婴幼儿平时在家很少有机会表达自己的想法，因此他们在人际交往过程中会表现得缺乏人际交往技巧，不知道如何与同伴交流。加上他们自尊心很脆弱，很在意别人的看法，所以在人际交往中会给人一种唯唯诺诺、畏首畏尾的感觉。

还有一些在专制型家庭长大的婴幼儿，会模仿家长的态度和行为，在人际交往中过于强势、咄咄逼人，当其他小朋友不服从命令时，他们甚至会做出一些攻击性行为。有的幼儿在看到别的孩子玩滑梯时，会直接走过去说"你让开，我要玩"；有的幼儿在和其他小朋友做游戏时总是出现"你必须要听我的""我让你干什么你就要干什么"这样的言行。

三、专制型家长应反思和改进养育方式

专制型家庭养育方式不利于婴幼儿健康发展。那么，应该如何避免成为专制型父母呢？因此可以指导家长采用以下教育方式。

（一）多给孩子一些选择和空间，培养他们的自我掌控感 >>>>>

首先，家长应该意识到家庭教育的目标是培养未来能够自己做主的孩子。

其次，父母应该多给孩子一些空间，培养他们的自我控制感，激发他们的自我驱动力，而不是永远依靠父母的监督和管理。例如，父母可以在保证安全的前提下，让婴幼儿自由探索、自己动手吃饭、自己决定穿什么衣服等。

最后，当和孩子沟通时，家长应多给他们一些选择，而不是简单、粗暴的命令。比如，家长可以提出建议："你要现在去睡觉还是 5 分钟之后去？""你想穿这件红色的衣服还是那件蓝色的衣服？"

练一练

家长可以设定一个固定的家庭会议时间，全家人都可以自由表达自己的想法。一些复杂的或者难以解决的问题可以通过家庭会议来共同商定。

你可以向家长介绍这个方法，并跟进效果。

（二）发掘孩子的闪光点，表扬和鼓励良好行为 >>>>>>>>>>>>

每一个孩子身上都有值得欣赏的地方，需要父母去发掘，鼓励和表扬通常会比批评、惩罚起到更好的教育效果。

当孩子表现得较好时，父母要及时回应和赞美。例如，当孩子亲手制作了一张并不是很完美的卡片送给妈妈时，妈妈可以表扬孩子“尊敬父母”，也可以表扬孩子的动手能力；当孩子害羞，不敢和同伴打招呼时，妈妈可以鼓励他们换一种方式，如让孩子“握握手”“微笑”等。

（三）学会表达爱，关注并满足孩子的情感需求 >>>>>>>>>>>>

首先，要和孩子共情，虽然专制型父母对孩子有很高的要求，喜欢把控孩子的大小事情，但他们的出发点是好的，那就是“为了孩子好”。只不过，在这个过程中，他们忽视了情感的作用，忘记了去关注孩子的情感需求。

其次，可以建议专制型父母多关注孩子的情感需求，多向孩子表达爱。

最后，指导家长掌握多种表达爱的方式：可以是肢体的接触，如“拥抱”“抚摸”等；也可以是“肯定的微笑”“鼓励的眼神”等；还可以是一些有仪式感的瞬间，如“特殊的亲子时光”“一顿丰盛的晚餐”等。

思考与练习

1. 专制型家庭养育方式有哪些典型特征？

2. 专制型家庭养育方式对婴幼儿有哪些影响？

3. 妈妈让 3 岁的女儿每天晚上都要练钢琴，并且不允许出错，如果出错的话就要再练一遍，直到不出错为止。你认为这种教育方式会对孩子产生怎样的影响？

4. 父母都希望自己的孩子“乖”“听话”，只要顺从、服从就是好孩子。你如何看待“乖孩子”现象？

5. 有人认为，“想要孩子学习好，就要多管教，管得越严越好”。你是否认同这种养育方式？为什么？

6. 请举例说明，如何避免成为专制型父母。

7. 孩子在外面玩得非常开心，不想回家，妈妈要求孩子必须现在回去，还说“如果现在不回去，就不要你了”，这会对孩子造成什么影响？

8. 请举例说明，如何给孩子创造更多的选择和空间？

9. 请举例说明，可以通过哪些方式向孩子表达爱？

学习任务 4.3 理解溺爱型家庭养育方式及其对婴幼儿的影响

陈老师最近遇到了烦恼，很多家长在送孩子来幼儿园的时候，会千叮咛万嘱咐：“出去玩的时候，一定给她穿得厚一点，千万别冻着。”“吃饭的时候，一定得喂，不能催他，他吃得慢，得哄着。”有的家长说“我最怕孩子哭了，他只要一哭，我的心就软了，只能顺着他的意思”；有的家长说“我家孩子只要一生气，谁的话也不听，又哭又闹，我真是拿他没办法，最后只好听他的”；还有的家长说“我们家孩子什么好东西都吃过了，但还是特别小气，谁也要不走他的零食”；还有的家长说“我家孩子出生的时候身体不好，所以我们什么也不让他干，只要他高兴就好”。

陈老师思考了一下，这些孩子的家长普遍对孩子百依百顺，对孩子的要求完全顺从。孩子们在班里的表现也是比较“爱哭闹”“爱发脾气”，这可能与父母的家庭养育方式密切相关。

学习任务单

学习目标	1. 了解溺爱型家庭养育方式的特点。 2. 理解溺爱型家庭养育方式对婴幼儿的影响。 3. 指导溺爱型家长觉察并反思自己的养育方式。
学习要点	1. 溺爱型家庭养育方式对婴幼儿发展的影响。 2. 指导溺爱型家长反思和改进自己的养育方式。
学习时数	1 课时
学习建议	学习前：观察身边的溺爱型家长，他们的行为、语言有什么典型特点？ 学习中：结合本学习任务中给出的溺爱型家庭养育方式的特点，想一想这样的家庭养育方式对婴幼儿的发展有何影响？ 学习后：能指导家长反思自己的养育方式的特点，并能够在实际养育孩子的过程中进行改进。
学习运用	在培训和与家长沟通时，以及在具体的托育工作中都可以使用。
学习反思	在学习本内容之前，你了解溺爱型家庭养育方式吗？学习之后，引发了你什么样的思考？

一、溺爱型家庭养育方式的特点

在有些家庭里面，家长把所有的爱都集中到了孩子身上，孩子就是家里的“小公主”“小皇帝”。家长对孩子有求必应，这就是典型的溺爱型家庭养育方式。溺爱型父母属于“低要求”“高反应”类型，即他们很少或基本不会对孩子提出要求，并且会给予孩子过多的关注和爱。具体来说，溺爱型家庭养育方式具有以下几个特点。

典型案例

有些家长在孩子吃完零食，把垃圾丢得满地都是时，会默默打扫干净；当孩子出去玩，大喊大叫、随手摘花折柳时，有些家长会当作没看见，甚至还可能会觉得孩子“真可爱”；当孩子对爷爷奶奶大吼大叫，甚至大打出手时，有些家长也不会出面阻止。

想一想：长期下去，会对孩子有什么影响？

（一）家长对孩子几乎没有要求 >>>>>>>>>>>>>>>>>>>>>>>>>>>>

溺爱型父母很少对孩子提出要求，或者几乎对孩子没有要求，孩子想怎么样就怎么样，想干什么就干什么。他们不在乎孩子的行为举止是否得当，只要孩子开心就好；他们也不要求孩子未来有多大出息，只要孩子快乐就好；他们还很少对孩子的不良行为进行约束，甚至有时候会无原则、无底线、无分辨地纵容孩子。即使孩子真的犯了错，他们也会寻找各种理由和借口替孩子解释、遮掩。他们的口头禅是“他只是个孩子”“小孩子懂什么”。

在溺爱型父母眼里，孩子什么也不需要做，也不用对任何事情负责。所以，他们常常喜欢无原则地袒护、纵容孩子，也喜欢越俎代庖，替孩子包办大小事情。

温馨提示

需要注意区分溺爱型父母和专制型父母的越俎代庖。前者建立在“可商量”的基础上，出发点是因为“爱太多”了，孩子只需要坐享其成；而后者建立在“没商量”的基础上，出发点是因为“爱太少”，孩子必须服从安排。

（二）过分满足孩子的需求 >>>>>>>>>>>>>>>>>>>>>>>>>>>>>>

溺爱型父母会想尽一切办法满足孩子的需求，几乎是“孩子想要什么就给什么”“想买什么就买什么”“想吃什么就吃什么”，简直是“要星星不给月亮”，没有条件创造条件也要满足孩子。有时候，为了满足孩子的需求，溺爱型父母会毫无原则地妥协，尤其是当孩子哭闹的时候。和专制型父母控制孩子不一样的是，在溺爱型家庭中，家长往往是被孩子“控制”住的。

（三）滥用表扬和奖励 >>>>>>>>>>>>>>>>>>>>>>>>>>>>>>>>>>

溺爱型父母可能会过分迷信“鼓励式”育儿，很少使用批评、惩罚的方式来教育孩子，或者害怕批评孩子后他们的心理会承受不了。

知识链接

过度使用奖励，尤其是物质奖励，不利于孩子内部动机的形成。这将导致孩子做事情缺乏积极性和主动性。

同时，溺爱型父母可能存在不适当或过度使用表扬和奖励的行为。当孩子出现不良行为或者犯错时，溺爱型父母很可能会使用“连哄带骗”“虚假表扬”，或用简单的物质诱导等方式。

比如，在孩子不肯吃饭时，父母可能会一边哄孩子一边说：“我们宝宝最乖了，来，吃完饭妈妈给你看动画片，好不好？”当孩子不愿意学习时，父母可能会说：“你好好学，学完妈妈带你吃冰激凌。”

二、溺爱型家庭养育方式对婴幼儿的影响

尽管溺爱型父母给了孩子很多的爱和关注，但是由于他们很少给孩子制定规则和限定边界，因此在这种家庭教育方式下成长起来的婴幼儿容易出现依赖性强、抗挫折能力差、攻击性强、责任心缺乏等问题。具体来说，溺爱型家庭养育方式对婴幼儿有以下几个方面的影响。

（一）婴幼儿可能缺乏同理心和责任感 >>>>>>>>>>>>>>>>>>>>

如果父母总是无条件、过度满足孩子的需求，可能会导致孩子产生一种“我是这个世界的中心，所有人都应该为我服务”的错觉。在这样的环境下成长起来的婴幼儿很少会为他人考虑，对别人缺乏同情心。

除此之外，在溺爱型家庭中长大的孩子因为从来不需要为任何事情负责，所以很少有责任感。比如，当孩子不小心被椅子绊倒时，溺爱型父母可能会说：“坏椅子，都是你的错，谁让你把我家宝宝绊倒了？”

做一做

阅读《查理和巧克力工厂》这本书，谈一谈溺爱型家庭养育方式对婴幼儿有什么影响。

（二）部分婴幼儿自控力差、行为冲动 >>>>>>>>>>>>>>>>>>>>

典型案例

桐桐快 3 岁了，每次出去玩的时候，看到小区里的其他小朋友，无论是比她大的还是比她小的，都要把他们拦住，“不准走！我说能走才可以”。如果别的小朋友不听她的话，她就会生气，并动手打人。为此，桐桐妈妈感到非常烦恼。

想一想：请你帮桐桐妈妈分析一下，为什么桐桐会有这样的行为表现？

我们在生活中，经常看到一些孩子在公共场合大吵大闹，爱抢别人的玩具，喜欢打小朋友……他们不知道什么是“讲规矩”，怎样是“懂礼貌”。在溺爱型家庭中成长起来的孩子，还很难控制和管理好自己的情绪，经常会表现得脾气很差，动不动就生气。

（三）缺乏抵抗挫折的能力 >>>>>>>>>>>>>>>>>>>>>>>>>>>>>>

为了不让孩子受到伤害，溺爱型父母往往会把孩子保护得很好，从来不让孩子吃亏，也不让孩子受委屈。他们的口头禅就是：“我要把最好的给孩子。”比如，他们会给孩子买最好的玩具、衣服、零食；当孩子被其他小朋友“欺负”了时，他们会为孩子“出头”；当孩子不开心了，他们会想尽办法哄孩子高兴……

这样做的结果就是，孩子被保护得太好了，没有机会体验“不愉快”和“不顺心”，也不知道什么是挫折。这对于孩子未来的成长来说并不是一件好事。

（四）缺乏独立生活和适应社会的能力 >>>>>>>>>>>>>>>>>>>>

溺爱型父母在养育孩子的过程中为孩子付出了很多，甚至是牺牲自我，越俎代庖为孩子做了很多事情，也剥夺了孩子成长的机会。比如，孩子 3 岁了，本可以自己吃饭，父母却坚持要给孩子喂饭。在这样的家庭养育方式下长大的孩子，将来可能会变成一个长不大的“巨婴”，需要依附着父母而生活。

三、指导溺爱型家长反思和改进养育方式

父母爱孩子无可厚非，只是这种爱需要有节制、有理性，否则“爱孩子”就变成了“害孩子”。那么，如何避免成为溺爱型父母呢？可以从以下几方面入手。

（一）逐渐培养孩子的独立性 >>>>>>>>>>>>>>>>>>>>>>>>>>

指导家长理解孩子需要在他们自己的探索、体验中成长，家长需要慢慢让孩子自己去做一些力所能及的事情。

家长如果实在担心孩子的安全，可以陪着孩子一起做，给孩子最大的耐心、最多的鼓励，在孩子需要的时候提供指导，而不是直接替代他们完成。如果孩子永远不自己去做，就永远也学不会如何做。比如，可以让幼儿自己起床、穿衣服；自己爬上凳子吃饭；自己拿水杯喝水等；还可以让幼儿参与一些家务劳动，和妈妈一起打扫卫生、洗衣服、做饭等。

（二）满足孩子需求的同时，学会设置底线 >>>>>>>>>>>>>>>

爱孩子绝对不等于无条件地满足孩子的任何需求。家长无论在满足孩子什么需求时，都应该设置一个底线，要让孩子知道，并不是所有的事情都是被允许的。比如，家长在和孩子一起逛商场之前，先和孩子约定好，今天她只能选择一样最喜欢的物品。如果这个东西很贵，是一个新款玩具，那么在买之前要和孩子约定好，在 3 个月之后才能再买其他玩具。

实践应用

如果家长向你咨询他自己的孩子总提出很多需求，他不知道怎样拒绝孩子，你会给家长什么建议？具体描述一下你的建议。

（三）可以采用“行为契约”的方式来和孩子设置规则 >>>>>>>>

如果孩子能够很好地遵守规则，可以适当给予一些奖励。需要注意的是，给孩子设置规则时，一定要提前将规则和要求讲清楚，确保孩子能够理解，也愿意遵守。这样既可以体现民主，也能够更好地调动孩子的积极性。

思考与练习

1. 溺爱型家庭养育方式有哪些特点？
2. 溺爱型父母属于“低要求”“低反应”类型，对吗？
3. 溺爱型父母和专制型父母一样，都喜欢包办代替，二者有什么区别？
4. 小红是家里的“小霸王”，她说要什么，家人就会给什么。请问这属于哪种类型的家庭养育方式？
5. 溺爱型家庭养育方式对婴幼儿有哪些影响？
6. 有人说：“爱孩子就要给孩子最好的。”这是否意味着父母要无条件满足孩子的所有需求？
7. 请举例说说“熊孩子”与溺爱型家庭养育方式有什么关系？或者说溺爱型父母为什么容易养出“熊孩子”？
8. 如何避免成为溺爱型父母？
9. 请举例说明，如何给孩子设置底线？
10. 请举例，父母应该如何培养孩子的独立性？

学习任务 4.4 理解忽视型家庭养育方式及其对婴幼儿的影响

幼儿园开学已经一个月了，王老师却从来没有见过萌萌的爸爸妈妈，每天都是萌萌的爷爷接送孩子。萌萌 2 岁多了，总是占着自己喜欢的玩具，不让别人动，而且在班里抓伤小朋友好几次了。每次王老师和萌萌的爷爷说时，爷爷都连忙和小朋友的家长道歉，但是孩子的行为却一直没有改变。

王老师在和爷爷的沟通中了解到，萌萌的爸爸妈妈工作非常忙，早出晚归，平常没有时间管孩子，爷爷的岁数也大了，只能照顾孩子的基本生活和接送孩子。

了解到这个情况后，王老师想办法联系到了萌萌的妈妈，讲了孩子在幼儿园的情况，萌萌的妈妈了解到孩子的情况后表示，原来她一直觉得孩子小，吃喝不愁就可以了，对孩子的这些问题也不知道该怎么办。王老师告诉萌萌的妈妈，孩子需要家长日常的教育、关爱和陪伴，“放养”会给孩子的成长带来很大的影响。听王老师说完，萌萌的妈妈表示要调整工作节奏，多花些时间关心和陪伴孩子。

在生活中，还有的父母因为夫妻关系紧张，而疏于对孩子的关注。这些都是典型的忽视型家庭养育方式。你认为这种家庭养育方式对婴幼儿有什么影响？

学习任务单

学习目标	1. 了解忽视型家庭养育方式的特点。 2. 理解忽视型家庭养育方式对婴幼儿的影响。 3. 指导忽视型家长觉察并反思自己的养育方式。
学习要点	1. 忽视型家庭养育方式对婴幼儿发展的影响。 2. 指导忽视型父母反思和改进自己的养育方式。
学习时数	1 课时
学习建议	学习前：观察身边的忽视型父母，他们的行为、语言有什么典型特点? 学习中：结合本学习任务中给出的忽视型养育方式的特点，想一想这样的养育方式对婴幼儿的发展有什么影响? 学习后：能指导家长反思自己的养育方式的特点，并能够在实际养育孩子的过程中进行改进。
学习运用	在培训和与家长沟通时，以及在具体的托育工作中都可以使用。
学习反思	在学习本内容之前，你对忽视型家庭养育方式了解吗？学习之后，引发了你什么样的思考？

一、忽视型家庭养育方式的特点

忽视型父母属于“低要求”“低反应”类型，即他们对孩子几乎没有要求，既不关心孩子的情感和内心需求，也不对孩子进行教育和指导，对孩子完全放任不管，让他们“野蛮生长”。具体来说，忽视型家庭养育方式具有以下几个特点。

温馨提示

虽然溺爱型父母和忽视型父母同样都对孩子的行为没有要求和限制，但二者有本质的区别。溺爱型父母是因为对孩子的“爱”太多了，而忽视型父母是因为对孩子的“爱”太少了。一个是过于为孩子考虑，另一个则是欠缺为孩子考虑。

（一）缺乏对孩子行为的要求 >>>>>>>>>>>>>>>>>>>>>>>>>

忽视型父母缺乏对孩子行为的约束和控制。他们很少或者几乎不对孩子的行为做出要求和限制。比如，孩子出去玩的时候打了别的小朋友，忽视型父母看见了，可能会当作没有看见。如果对方家长过来理论，忽视型父母可能会说：“他就这样，我也管不了。”

不过，更多的情况可能是忽视型父母根本看不见或者不关心孩子在做什么，做得怎么样。对于家长来说，孩子就像一个“小透明”一样，没有存在感。比如，孩子在家里跑来跑去，一会儿进厨房偷拿东西吃，一会儿在客厅拆卸玩具。父母始终头也不抬地坐在沙发上玩手机，根本不知道孩子在干什么。

（二）缺乏对孩子情绪的关注和理解 >>>>>>>>>>>>>>>>>>>>>

典型案例

孩子不小心摔了一跤，一直哭个不停。忽视型父母可能会说：“赶紧爬起来，哭什么哭？有什么好哭的？怎么摔一下就哭呢？真是烦死了！”

想一想：孩子的内心是什么感受?

忽视型父母除了不关心孩子的行为之外，也不关心孩子的情绪。当孩子有情绪、需要关注的时候，他们不会去安抚孩子的情绪，甚至可能对孩子的情绪表现出不理解和不接纳。所以，有时候他们在感情上会显得有些冷漠。例如，孩子一直在大声哭泣，忽视型父母可能会表现得充耳不闻、无动于衷，不是立刻去安抚孩子，或者检查孩子有没有身体上的不舒服等。

（三）缺乏与孩子之间的互动和交流 >>>>>>>>>>>>>>>>>>>>>>

忽视型父母很少对孩子的情绪、行为做出回应。当孩子主动向他们发出邀请时，他们可能也会拒绝。所以，在忽视型家庭中，父母与孩子之间的互动和交流会非常少。

一方面，在日常生活中，父母很少或者不会主动与孩子交谈，也不去询问孩子的状况。比如，孩子外出玩耍回家后，家长不会主动询问孩子“你今天和谁一起玩了”“玩的什么”“玩得怎么样”等。

另一方面，当孩子有交流的需求和愿望，并主动发出邀请时，忽视型父母很少或不会回应。比如，孩子想看动画片，用询问的语气问道：“妈妈，我想看动画片。”妈妈坐在一旁，保持沉默，好像没有听见一样，不对孩子的话做出回应，不说“可以”，也不说“不可以”；或者有的妈妈会回应“我现在在忙，不要跟我说话”“不要来问我”等。

（四）更重物质而轻情感 >>>>>>>>>>>>>>>>>>>>>>>>>>>>>

一些忽视型父母从来不觉得自己属于这个类型，因为他们给孩子提供了丰富的物质生活条件，孩子不缺吃、不缺穿。然而，这些父母往往只注重在物质方面满足孩子的需求，忽视了孩子的情感和心理需求。有些父母常年在外务工，他们的孩子主要由祖辈抚养，父母每个月会定时给孩子寄生活费。有些孩子虽然和父母生活在一起，但是因为父母工作较忙，孩子大部分时间是由保姆或者祖辈照看。这些孩子很少有时间和机会与父母待在一起，缺乏情感上的交流、互动。

二、忽视型家庭养育方式对婴幼儿的影响

对婴幼儿来说，最大的伤害不是批评与惩罚，而是不被看见和关注。忽视型养育方式往往与消极的养育结果相联系。在忽视型家庭里长大的孩子自尊心低，自控能力差，生活态度消极，性格孤僻、冷漠，容易形成一些不良的行为习惯。具体来说，忽视型家庭养育方式对婴幼儿的影响体现在以下几个方面。

典型案例

一位年轻的妈妈还没有准备好生孩子。在孩子出生后，除了给孩子喂奶之外，她很少抱孩子、抚摸孩子，几乎不和孩子说话，也不逗孩子笑等。孩子哭了，她不仅不去安抚，还会说“好烦，又哭，哭什么哭”。

想一想：这个孩子对外界会形成怎样的感受？

（一）影响婴幼儿心理安全感的建立 >>>>>>>>>>>>>>>>>>>>>>

0～3 岁是婴幼儿建立安全感的关键时期。在这个阶段，如果孩子哭了、尿了、饿了、生气了、难过了，父母都能够及时出现在孩子身边，及时给出回应，孩子就能感受到自己是安全的，从而逐渐建立起与父母之间的安全型依恋关系。

反之，如果婴幼儿总是得不到父母的照顾、关注和回应，就会形成不安全型依恋。这种早期安全感的缺乏可能会给婴幼儿留下童年阴影，为未来成长埋下隐患。

（二）影响婴幼儿良好行为习惯的养成 >>>>>>>>>>>>>>>>>>>

婴幼儿良好行为习惯的养成是一个长期的过程，且需要父母的及时反馈和监督。

典型场景

2 岁的孩子出门玩耍时，把别的小伙伴打哭了，妈妈忽视不管；火车上，一个孩子大声吵闹，甚至穿着鞋在座椅上蹦蹦跳跳，这时，坐在旁边的妈妈对孩子的行为视若无睹，一直低头看手机。

想一想：长久下去，会对孩子的行为有哪些影响?

由于忽视型父母很少或者几乎不对孩子的行为提出要求和限制，对孩子的不良行为也不予以制止，所以孩子处于一种“野蛮生长”的状态。

如果当孩子第一次出现不良行为时，父母没有发现和制止，孩子可能就会以为这样做是没有问题的，久而久之会将这些不良行为习惯当成“理所当然”的。

如果父母一直对不良行为习惯保持忽视的态度，那么孩子的不良行为将永远无法得到纠正。

（三）影响婴幼儿健康心理的发展 >>>>>>>>>>>>>>>>>>>>>>

典型场景

爸爸正在看电视，孩子自己玩积木。玩了一会儿，孩子问：“爸爸，这个怎么坏了？”爸爸没有理睬孩子。又过了一会儿，孩子说：“爸爸，你陪我玩。”爸爸依然看电视，对孩子不理不睬。

想一想：爸爸这样的做法会对孩子产生什么样的影响?

从小被父母忽视的孩子，自我价值感和自尊都较低，他们在潜意识中容易觉得“我是不重要的”“我不值得被爱”等。这可能会使孩子形成自卑、内向、讨好型性格。

另外，由于父母长期忽视婴幼儿的情感，可能会导致孩子情绪自控力较差，情绪容易波动，或者有更多的攻击性行为等。

（四）影响身体健康和生命安全

忽视型家庭更重要的影响是可能会威胁到婴幼儿的身体健康和生命安全。有一些忽视型家长不仅缺乏对孩子的心理照顾，还缺乏对孩子的生理照看，让孩子处于危险之中。比如，有些孩子因为父母疏于照顾，发生了不小心被开水烫伤，被陌生人拐走，或者吞下纽扣等诸如此类的儿童安全事故。

小知识

重要他人指在个体社会化以及心理人格形成的过程中具有重要影响的具体人物，重要他人可能是一个人的父母长辈、兄弟姐妹，也可能是老师、同学等。

三、指导忽视型家长反思和改进养育方式

作为父母，不仅需要关注孩子的生理需求，还需要关注孩子的心理需求。那么，如何才能避免成为忽视型父母呢？

（一）学会看见孩子的心理需求

很多忽视型父母在日常生活中关注的主要是孩子的吃喝拉撒睡等生理需求，而忽视了更重要的、孩子的心理需求，并对自己的忽视行为不自知。家长可以从以下方面改进养育方式。

第一，学会接纳孩子的情绪，即允许和鼓励孩子恰当的情绪表达。比如，当孩子摔疼时，允许孩子哭；当孩子游戏输了时，允许孩子难过；等等。

第二，学会理解孩子的情绪，即读懂孩子情绪背后的意义。比如，当孩子看见父母给别的小朋友送礼物，非常生气时，其情绪的产生可能是因为嫉妒。

第三，读懂孩子的行为，即读懂孩子行为背后的心理需求。比如，当孩子把玩具丢得满地都是，或者大喊大叫时，其内心的真实需求可能是希望父母能够陪自己一起玩或者得到父母的关注。

（二）学会高质量地陪伴孩子

在现代社会，随着电子产品的普及以及生活节奏的加快，手机和工作成了父母陪伴孩子的两大阻碍。有些父母虽然在陪伴孩子，心却在别的地方。因此，生活中，我们经常看到有些父母边玩手机边陪孩子，或者边工作边陪孩子。其实，这样的陪伴可能并没有真正起到陪伴的作用。家长应通过以下方式做到高质量的陪伴。

第一，认真聆听孩子的心声，并做出适当的回应，如点头、微笑，或者询问“为什么”“然后呢”“还有呢”等；

第二，多一些肢体上的接触，如拍拍孩子的肩膀、摸摸孩子的头等；

第三，多和孩子一起交流，如每天设置一个 5 分钟的亲子沟通时间，问问孩子“今天心情怎么样”“和谁一起玩”“做了些什么”等；

第四，多和孩子一起做事情，如和孩子一起读一本书、一起唱歌、一起玩游戏等。

扫码学习
"有效陪伴婴幼儿"

实践应用

1. 你会如何引导忽视型父母改进他们的养育方式？

2. 制定一个简单的改进忽视型家庭养育方式的方案，并在班里分小组进行介绍。

（三）学会及时干预孩子的问题行为 >>>>>>>>>>>>>>>>>>>>>>

当孩子出现问题行为，如打人、骂人，或者不遵守礼仪规范时，父母要学会及时干预和处理，防止小问题变成大问题。

父母在对孩子的问题行为进行干预时，除了需要遵循即时原则之外，还要明确指出孩子的行为哪里不恰当，错在哪里，以及应如何改正。比如，当看到孩子把垃圾随手丢在地上时，父母可以明确地告诉孩子“应该把垃圾丢在垃圾桶里”，而不是说“你怎么又把垃圾丢在地上”。

思考与练习

1. 有人认为“3 岁之前的孩子还不懂事，只要带他们吃饱喝足就可以了”，你觉得这种育儿观点是否正确？

2. 有的父母给孩子买了一堆玩具和书籍，但是很少陪孩子一起玩、一起阅读，而是让孩子自己玩、自己看。这属于哪种类型的家庭养育方式？

3. 忽视型家庭养育方式有哪些典型特征？

4. 忽视型父母和溺爱型父母都对孩子的行为无要求，二者有何不同？

5. 忽视型家庭养育方式对婴幼儿有哪些影响？

6. 小明是家里的老大，自从妹妹出生后，家里人的注意力全部都放在了妹妹身上。他好像是家里那个多余的孩子。请问，小明父母的这种做法是否正确？

7. 如何避免成为忽视型父母？

8. 如何高质量地陪伴孩子？

9. 关注孩子的心理需求，需要做到哪些？

10. 及时制止孩子的问题行为，需要注意什么？

专题小结

家庭养育方式是指父母在教育和抚养孩子的过程中表现出来的相对稳定的教养态度、情感、行为，以及营造的家庭氛围等。根据父母对婴幼儿行为控制和行为要求的高低程度，家庭养育方式可以分为权威型、专制型、溺爱型和忽视型四种。尽管每种家庭养育方式各有利弊，但是相对而言，权威型家庭养育方式是一种更积极的养育方式，更有利于婴幼儿健康生活习惯、良好自我意识、积极情绪情感和健全人格的形成。

学习评价与反思

学完这个专题，你在理解不同类型家庭养育方式对婴幼儿的影响方面，以及如何指导家长改进自己的养育方式上有哪些新的思考和收获？请完成以下表格。

自我评价，从 1 到 5 代表你对本专题理解或掌握的程度越来越好，根据你的学习情况在相应的数字下打“√”。

	1	2	3	4	5
知识					
技能					
新启发					

专题五
亲子依恋关系及其对婴幼儿的影响

几个妈妈在聊天的时候，真是各自欢喜各自愁。乐乐妈妈说，2 岁的乐乐平时非常黏妈妈，只要妈妈换上外套，背上包，他就开始哭闹，黏着妈妈不让走。每天妈妈出门上班之后，他都会哭闹，不过很快就能恢复平静，开始玩起来了，晚上妈妈下班回来后，乐乐也会开心地主动要求妈妈抱他或者亲他。

豆豆妈妈说，自己出门的时候，豆豆也像乐乐似的，但是在妈妈走后，他需要很长时间才能平复下来，而且晚上妈妈回来的时候，他还会生气地把妈妈推开，不让妈妈抱自己。

天天妈妈说，自己倒是没有这个烦恼，每天上班的时候，天天都不哭闹，也不黏着自己，该做什么做什么。看到妈妈下班回来后，天天也不理妈妈，依旧自己干自己的。

孩子对待妈妈的态度存在差异，这可能与亲子依恋关系有关。什么是亲子依恋关系？它会对婴幼儿造成哪些影响？如何指导家长与婴幼儿建立良好的亲子依恋关系呢？

>> 学习内容

1. 了解亲子依恋关系的不同类型及其特点。
2. 理解不同类型亲子依恋关系对婴幼儿发展的影响。
3. 指导家长掌握建立良好亲子依恋关系的方法。

>> 学习初体验

对 0 ~ 3 岁婴幼儿的家长进行访谈：当你离开和回来的时候，孩子在语言、行为上是怎样的？你是如何回应的？

>> 学习交流

和其他人交流一下你的调查结果。

____

____

>> 知识框架图

- 专题五　亲子依恋关系及其对婴幼儿的影响
  - 理解亲子依恋关系的类型及其对婴幼儿的影响
    - 安全型依恋关系及其对婴幼儿的影响
    - 回避型依恋关系及其对婴幼儿的影响
    - 矛盾型依恋关系及其对婴幼儿的影响
  - 指导家长掌握建立良好依恋关系的方法
    - 指导家长对孩子做出及时的回应和反馈
    - 指导家长保持自身情绪的稳定
    - 指导家长保持对孩子要求和规范的一致性
    - 建议家长避免频繁更换孩子的抚养者
    - 通过替代性关系及时调节不良的依恋关系

学习任务 5.1
理解亲子依恋关系的类型及其对婴幼儿的影响

王老师观察到，当家长送孩子到幼儿园时，有的孩子离开妈妈，来到陌生环境后表现得非常不适应，在班里大哭大闹、不吃不喝不睡，无论老师怎么哄也没有效果，也不和别的小朋友一起玩；有的孩子离开妈妈之后，不哭也不闹，但不能主动投入游戏中，自己一个人安静地坐着，不理别人；还有的孩子离开妈妈之后可以在老师的安抚下很快平静下来，并且投入地和小朋友、老师一起玩游戏。在家长来接的时候，孩子们的反应也很不一样。有的孩子看到家长后特别开心，飞快地跑过去，使劲抱着家长；有的孩子没有什么表情，也没有太大的反应，特别平静；还有的孩子见到家长后表现出很生气的样子，在家长抱的时候，还会想要挣脱。

王老师开始思考孩子在班里的表现和对家长的态度，发现了一些大致的规律。比如，能够很快平复情绪的孩子，在班里适应得也比较好；需要很长时间才能平复情绪的孩子，在班里也会遇到很多挑战；对家长没有明显情绪反应的孩子不愿意与别人交往。

王老师认真学习了孩子在这个阶段的特点，了解到孩子与家长之间的依恋关系是主要的一个因素。她向家长推荐了一些书和文章，帮助家长更好地学习如何与孩子建立良好的亲子依恋关系。

学习任务单

学习目标	1. 了解三种亲子依恋关系的特点。 2. 理解三种亲子依恋关系对婴幼儿发展的影响。 3. 指导家长觉察并反思自己的亲子依恋关系类型。
学习要点	1. 不同亲子依恋关系的核心特点。 2. 亲子依恋关系影响婴幼儿发展的机制。
学习时数	1 课时
学习建议	学习前：观察身边的家长与孩子的亲子依恋关系类型。 学习中：结合本学习任务中给出的三种亲子依恋关系的特点，深入体会不同亲子依恋关系对孩子的发展有何影响？ 学习后：能指导家长觉察到孩子与自己的亲子依恋关系类型，并能够在实际养育孩子的过程中加以改进。
学习运用	在培训和与家长沟通时，以及在具体的托育工作中都可以使用。
学习反思	在学习本内容之前，你了解亲子依恋关系吗？学习之后，引发了你什么样的思考？

小知识

亲子依恋关系是婴幼儿与主要抚养者（一般是母亲）之间建立起来的一种强烈、紧密、稳定而持久的情感联系。它是婴幼儿与父母之间在日常喂养和互动交流中形成的一种特殊的情感关系。

亲子依恋关系是婴幼儿最早建立的社会关系之一，是婴幼儿社会化的开端，也是社会化的重要组成部分，对婴幼儿的认知发展、语言发展、情绪与社会性的发展都具有重要意义。

研究发现，主要有三种普遍存在的亲子依恋关系类型：安全型依恋关系、回避型依恋关系和矛盾型依恋关系。

扫码学习
"亲子依恋关系类型对婴幼儿的影响"

一、安全型依恋关系及其对婴幼儿的影响

（一）理解安全型依恋关系的特点 >>>>>>>>>>>>>>>>>>>>>

典型案例

吃过早饭后，妈妈准备去上班。1 岁半的小媛正在客厅里专心地玩着自己的玩具。妈妈对小媛说："宝宝，妈妈去上班了，你和奶奶在家里玩，妈妈下班后就回来陪你。"小媛立刻放下玩具，大步走向门口，拉着妈妈不让走，并露出想哭的表情。奶奶抱着小媛安慰了一会儿，小媛的情绪便好起来了，开心地和奶奶玩起了游戏。妈妈下班回家后，小媛开心地扑到妈妈怀里撒了会儿娇，然后就自己玩了。

想一想：小媛妈妈的哪些做法是可取的？

知识链接

发展心理学家玛丽·艾斯沃斯选择 1 岁左右的孩子，设置包括孩子、母亲、陌生人在内的不同情境，如当孩子单独和母亲在一起、当母亲离开时、当母亲回来时等，通过观察孩子对陌生人的反应，了解婴幼儿亲子依恋关系类型。

首先，安全型亲子依恋关系的婴幼儿并不总是依偎在母亲身边，而是与母亲保持一定距离，时不时看向母亲。他们会积极地探索周围的环境，投入地参与游戏或者玩玩具，也能对陌生人做出积极的反应。

其次，当母亲离开时，他们会表现出焦虑、不安，想要寻找母亲，对外部的探索行为也会受到影响。

最后，当母亲回来时，他们会非常高兴，立刻扑到母亲怀里寻求安慰，并且可以很快平静下来，继续去做游戏或者玩玩具。

对于安全型依恋的婴幼儿来说，母亲就像一个"安全港湾"，可以为他们提供足够的安全感，支持他们在陌生环境中积极探索。

（二）理解安全型依恋关系对婴幼儿的影响 >>>>>>>>>>>>>>>

典型案例

妈妈带着 1 岁半的甜甜到小区楼下玩耍。有一位 3 岁多的小姐姐正趴在桌子上画画。甜甜感到非常好奇，想过去看看。她先看了妈妈一眼，看到妈妈对着她微笑，就走到小姐姐身边，冲着对方笑，然后一边喊着"姐姐"一边试图去拿姐姐的笔。

想一想：天天走向姐姐之前看向妈妈，这是因为什么？

研究发现，安全型依恋关系可以为婴幼儿的健康成长提供一种“心理免疫力”，让婴幼儿拥有更积极的情绪和较强的情绪调节能力，收获更多亲密、持久、融洽的人际关系，以及保持良好的身体和心理健康状况。安全型依恋关系对婴幼儿的影响体现在以下几个方面。

1. 有利于婴幼儿积极探索外部世界

对于婴幼儿来说，其各方面的能力是在与外界互动的过程中逐渐发展起来的。如果婴幼儿能够有更多的机会深入地对外部世界、自己和他人进行探索，其发展也就更好。

与父母建立了安全型依恋关系的婴幼儿因为对周边环境感到安全，无论父母是否在身边，他们都可以带着满满的好奇心，积极并投入地玩自己的玩具，以及与他人互动。

2. 有利于婴幼儿快乐、信任等积极情绪的发展

安全型依恋关系会给婴幼儿一种“安全”的感觉，安全型依恋的婴幼儿的情绪更积极，在生活中更少出现哭闹、发脾气等现象，也更少出现焦虑、抑郁等情绪问题。除此之外，安全型依恋的婴幼儿也具有更好的情绪控制能力。比如，在令人感到焦虑、恐惧的环境中，他们可以很好地控制和表达自己的情绪，顺利克服焦虑、恐惧等消极情绪，维持情绪的稳定性。

3. 有利于婴幼儿良好个性品质和社会交往能力的发展

与父母建立了安全型依恋关系的婴幼儿更加自信、热情、信任别人，在社会交往中会表现出更多积极的行为，如分享、合作等，因此他们更容易受到欢迎，与他人建立良好的人际关系。

同时，婴幼儿也能够在人际交往中进一步发展出对他人的信任感、对自我的认同感以及自信心等。这些积极的心理品质又将进一步促进婴幼儿的社会交往。例如，当安全型依恋的婴幼儿和母亲在一起时，他们可以愉快地与陌生人打招呼、玩耍；在玩耍的过程中遇到困难或问题时，他们也可以愉快地接受陌生人的指导。

> **小知识**
>
> 根据埃里克森的人格发展理论，婴幼儿时期是培养信任感的关键时期。如果在这个时期婴幼儿能够与父母建立安全型依恋关系，则有利于婴幼儿对父母、他人以及周围环境等产生信任感，帮助婴幼儿形成良好的性格。

二、回避型依恋关系及其对婴幼儿的影响

（一）理解回避型依恋关系的特点 >>>>>>>>>>>>>>>>>>>>>

典型案例

小俊平时在家喜欢自己一个人玩玩具，不太关心妈妈在干什么。无论妈妈偶尔出门去取快递回来，还是有事出门一天后回来，他都表现得无动于衷，不哭也不闹。妈妈回来时，他也像没有看见一样，继续玩自己的，而不是像别的小朋友一样飞奔到妈妈怀中和妈妈亲近。

想一想：如果小俊的妈妈向你描述了这种情况，你会给她什么建议？

小俊属于回避型依恋的孩子，当母亲离开的时候，他们很少表现出焦虑、不安，不哭也不闹；当母亲回来的时候，他们不会特别高兴，也不会主动寻求安慰，对母亲表现得不理不睬。

当陌生人出现时，他们同样表现出回避或者忽略，面无表情地将注意力集中在自己的玩具上。他们也不会主动和陌生人打招呼或交流，就好像陌生人根本不存在一样。

无论是对母亲还是对陌生人，回避型依恋的婴幼儿都表现得漠不关心，好像根本不在乎一样。

（二）理解回避型依恋关系对婴幼儿的影响 >>>>>>>>>>>>>>>>

典型案例

邻居王阿姨来小华家串门。妈妈让小华和阿姨打招呼，小华就像没有听见一样，拒绝了妈妈的要求。王阿姨主动问小华："你在玩什么呀？"小华迅速转过身子，不理王阿姨。当小华不小心把玩具球滚到王阿姨身边时，王阿姨想要帮小华捡球，没想到小华转身走了，去玩积木了。

想一想：这种情况对小华未来的发展有哪些影响？

回避型依恋属于一种不安全的依恋关系，对婴幼儿积极情绪情感、亲密人际关系，以及信任、热情、合作等良好个性品质的形成都有一定的不良影响，具体来说，回避型依恋关系对婴幼儿的影响体现在以下几个方面。

1. 不利于婴幼儿情绪情感的发展

首先，回避型依恋的婴幼儿在情感上会表现得比较冷漠，他们不喜欢表达或表露自己的情绪情感，在情绪上比较压抑。在日常生活中，他们通常会给人一种"高冷""不容易接近"，或者"拒人于千里之外"的感觉。

同时，他们的情绪调节能力也比较差，有时候他们会突然表现得很愤怒，或者情绪激动、不可控制，让人觉得莫名其妙。

2. 不利于婴幼儿同伴关系和亲密关系的建立

由于父母很少表达对孩子的感情，也很少与孩子进行互动交流，所以回避型依恋的婴幼儿与父母之间的情感联系非常微弱。这将让婴幼儿失去了早期学习建立关系的宝贵机会，从而导致婴幼儿未来很难与他人建立良好的人际关系，甚至会对婴幼儿成年后的亲密关系产生很大影响。

如果一直没有调整或干预，回避型依恋的婴幼儿在青少年阶段很难与同伴建立良好的关系。他们在与小伙伴交往时通常会表现得退缩、不自在，有时候也会刻意保持与对方的距离。回避型依恋的婴幼儿在成年后很难与他人建立良好的亲密关系。他们抗拒和伴侣之间的亲密接触，也会对亲密关系感到没有信心，害怕与他人进一步接触，甚至会刻意回避与他人的亲昵动作。

实践应用

1. 在你读过的书或看过的电影中，有没有人际交往是处于典型的回避型人际交往模式的？

2. 追溯家庭成长环境，分析回避型依恋关系对个体成人后的影响。

3. 不利于婴幼儿信任、热情等良好性格的形成

回避型依恋的婴幼儿通常对他人缺乏信任，喜欢把自己真实的内心掩藏起来，拒绝与人沟通交流。

他们对别人表现得漠不关心，很少主动关心他人，不喜欢与人分享。与安全型依恋的婴幼儿的热情、主动、开朗不同，回避型依恋的婴幼儿更多表现出冷漠、孤僻、退缩，甚至有些自我封闭。他们对外界的变化不敏感、不关心、不介意，好像给自己穿上了一件无形的“铠甲”，显得有些离群索居、与世隔绝。在生活中，他们也会显得过于独立，很少向人寻求帮助。

在他们遇到困难或者问题时，即使别人给他们提供了指导和帮助，他们也会拒绝或者忽略。

三、矛盾型依恋关系及其对婴幼儿的影响

（一）掌握矛盾型依恋关系的特点 >>>>>>>>>>>>>>>>>>>>>>

典型案例

2 岁多的程程和妈妈正在家里玩耍，突然邻居张阿姨来家里串门。程程立刻放下玩具，往妈妈身后躲。妈妈说：“程程，你去玩吧，妈妈陪张阿姨聊会儿天。”程程依然不肯离开妈妈，也不玩喜欢的玩具了，始终靠在妈妈身边。当妈妈进屋给张阿姨倒水喝时，程程立刻开始哭闹，拉着妈妈不放手。张阿姨走了以后，程程还是哭闹不止，对妈妈很生气的样子。

想一想：这种情况对程程未来的发展有哪些影响？

程程和妈妈之间的亲子依恋关系为矛盾型依恋关系，这种类型的婴幼儿对陌生人极其敏感，通常在母亲离开之前就表现得非常警惕、敏感，一直担心母亲会离开。

当母亲离开时，他们会表现得非常焦虑，并且会极力反抗，如发脾气、大喊大叫、哭闹等。哪怕母亲只是非常短暂地离开，他们也会表现得异常敏感。

当母亲回来时，他们对母亲的态度又比较矛盾，既希望和母亲亲密接触，又抗拒与母亲接触。当母亲与他们亲近时，他们还会生气地将母亲推开，好像是故意惩罚母亲的离开。

（二）理解矛盾型依恋关系对婴幼儿的影响 >>>>>>>>>>>>>>>>

矛盾型依恋关系作为不安全性依恋关系的一种，属于消极、不良的依恋关系，对婴幼儿的心理发展有一定的不良影响，具体体现在以下几个方面。

1. 不利于婴幼儿积极情绪和良好情绪调节能力的发展

首先，矛盾型依恋的婴幼儿由于缺乏安全感，对母亲的存在非常敏感，他们经常处于焦虑、不安、恐惧、紧张的情绪状态中，因为他们时刻担心母亲会离开自己。当他们的需要没有得到及时满足时，他们又将经历失望、愤怒等消极情绪。

其次，由于他们对母亲的情绪非常矛盾，既希望和母亲亲近，又想通过拒绝的方式惩罚母亲，因此矛盾型依恋的婴幼儿在情绪上会表现得非常矛盾、纠结。

这种既想要靠近又拒绝靠近的矛盾情绪会让他们感到非常痛苦。长此以往，他们将变得情绪敏感、多变，且缺乏对情绪的控制。

2. 不利于婴幼儿认知能力的发展

在紧张、焦虑、恐惧、矛盾、痛苦等消极情绪的支配下，矛盾型依恋的婴幼儿很难主动、投入地去探索自己和外部世界。这将让婴幼儿失去尝试新鲜事物、扩大活动范围、拓展认知和视野的机会。有时候，即使他们正在玩耍，也会显得心不在焉，不能真正投入。

例如，一位矛盾型依恋的婴幼儿很想去和小伙伴一起玩耍，但是因为担心妈妈离开，他可能会放弃这个机会。即使妈妈告诉他“你去玩吧，妈妈在这里等你”，他依然会一边玩耍一边心不在焉地时刻关注着妈妈的动向。

练一练

观察身边矛盾型依恋的婴幼儿，记录以下内容：

他在玩的时候是否投入？

是否经常寻找妈妈？

看不到妈妈时，他会做什么？

3. 不利于婴幼儿独立性和主动性的发展

矛盾型依恋的婴幼儿有强烈的分离焦虑，他们从小会极度依赖父母，缺乏独立性和自主性，他们通常会表现得很“黏人”，离不开父母。如果父母离开了，他们就会大哭大闹。有时候，即使妈妈在身边，他们也极度抗拒陌生人，不愿意和陌生人相处。比如，矛盾型依恋的婴幼儿会时刻缠着妈妈，只想和妈妈一起玩，不愿意自己单独玩，也不愿意和不熟悉的人玩。

由于从小缺乏独立性和自主性，矛盾型依恋的婴幼儿长大后会存在社会适应不良等方面的问题。比如，矛盾型依恋的婴幼儿在上幼儿园的时候，会存在比较强烈的分离焦虑，较难融入学校生活。

思考与练习

1. 什么是亲子依恋关系？有哪几种典型的亲子依恋关系类型？

2. 请举例说明安全型依恋关系的特点。

3. 请举例说明回避型依恋关系的特点。

4. 请举例说明矛盾型依恋关系的特点。

5. 小明2岁多了，但他仍然时刻离不了妈妈。只要妈妈离开，他就会哭闹不止。妈妈回来后，他就不再闹了。请问小明属于安全型依恋还是矛盾型依恋？

6. 为什么小乐很黏妈妈，希望和妈妈在一起，却不让妈妈抱，还说讨厌妈妈呢？

7. 安全型依恋关系对婴幼儿有什么意义？

8. 如果婴幼儿与父母没有建立起积极的依恋关系，对其未来成长有哪些影响？

9. 请谈谈矛盾型依恋关系对婴幼儿成长的影响。

学习任务 5.2
指导家长掌握建立良好依恋关系的方法

著名的心理学家哈罗曾经做过一个关于恒河猴的“母爱剥夺”实验。他设计了两个“猴妈妈”：一个是用铁丝网编成的铁丝猴妈妈；另一个是用海绵、绒布、木头等做的绒布猴妈妈。这两个猴妈妈的身上都绑有奶瓶，可以给小猴子喂奶。

哈罗和实验人员花了5个月左右的时间观察小猴子与两位猴妈妈的相处，结果发现实验中的小猴子更喜欢在绒布猴妈妈身上待着，尤其是在它们感到害怕的时候。

这个实验对你有什么启示？到底是什么对婴幼儿的成长造成了深深的影响？为了让婴幼儿健康成长，家长应该做些什么？

学习任务单

学习目标	1. 指导家长对孩子做出及时回应。 2. 指导家长掌握调整自己的情绪的方法。 3. 指导家庭成员保持情绪稳定，对孩子的要求保持一致。
学习要点	1. 掌握建立良好亲子依恋关系的方法。 2. 掌握指导家长建立良好亲子依恋关系的原则。
学习时数	1 课时
学习建议	学习前：观察身边的家长与孩子的亲子依恋关系类型。 学习中：结合本学习任务中给出的三种亲子依恋关系的特点，深入体会不同的亲子依恋关系对孩子的发展有何影响？ 学习后：能指导家长觉察到自己与孩子的亲子依恋关系类型，并能够在实际养育孩子的过程中进行改进。
学习运用	在培训和与家长沟通时，以及在具体的托育工作中都可以使用。
学习反思	在学习本内容之前，你了解亲子依恋关系吗？学习之后，引发了你怎样的思考？

良好的依恋关系是一个人安全感的来源，也是一笔长久的人生财富。在婴幼儿时期与家长建立了良好依恋关系的孩子未来更自信、乐观、健康，他们有更好的控制情绪的能力，更稳固、融洽的人际关系，更懂得积极应对人生的困难和挫折。

因此，家庭教育指导工作的重点之一就是要帮助家长掌握与婴幼儿建立良好依恋关系的方法。具体来说，可以指导家长使用以下方式。

一、指导家长对孩子做出及时的回应和反馈

研究发现，抚养者是否能够对婴幼儿发出的信号做出及时、有效的回应是影响其依恋关系发展的重要因素之一。但是在实际生活中，有些家长对孩子的需求非常不敏感。比如，当孩子哭闹时，他们要么置之不理，要么一味地给孩子喂奶；当孩子想要去探索未知世界时，他们会阻止孩子或者转移孩子的注意力。

（一）家长需要停止忽视或者不恰当的反应 >>>>>>>>>>>>>>>

家长忽视的行为可能让孩子对家长产生不信任感，从而影响良好依恋关系的形成。事实上，当孩子哭闹时，他们可能是饿了、渴了，也可能是尿了或者拉了，还可能只是觉得无聊或者孤独了，希望和家长互动或者得到家长的关注。

家长需要在日常生活中注意孩子发出的各种信号，敏锐地发现他们的真正需求，并给予相应的回应。比如，给孩子喂奶、喂水、换尿不湿，或者陪孩子玩、抱一抱孩子等。

练一练

1 岁半的妞妞特别好奇奶奶每天都在厨房里干什么，她拉着奶奶的手要往厨房里去。奶奶以为妞妞是想吃东西了，立刻拿来了小饼干，一边说：“厨房里没有吃的，不去了，我们来吃饼干。”妞妞把饼干推开了，仍然哭闹着要往厨房去。奶奶一边叹气一边不知所措地说：“这孩子，怎么不听话呢？”

想一想：奶奶是否对妞妞的需求做出了及时的回应和反馈？为什么？

（二）有效、及时地回应孩子 >>>>>>>>>>>>>>>>>>>>>>>>

指导家长可以采用以下方式有效、及时地回应孩子。

1. 敏锐地觉察到孩子发出的各种信号

每个孩子都是独一无二的，他们发出信号的方式也可能千差万别，所以需要家长在养育孩子的过程中全身心投入，细心观察，发现孩子的特点和规律，如孩子表情的变化、动作的变化、语音语调的变化等。

2. 及时、恰当地给出回应

当家长接收到孩子发出的信号后，就需要及时地、恰如其分地给出回应。比如，当孩子想要身体接触时，就抱抱他或者亲亲他；当孩子感到烦躁、无聊时，就安抚他，陪他玩游戏；当孩子感到好奇时，就鼓励他去探索。

3. 尊重孩子的自主性和独立性

家长还需要知道何时应该放手，给予孩子一定的自主权和空间，而不是过度干预。比如，当孩子进入“可怕的 2 岁”阶段时，孩子想要自己穿衣服，就允许他自己穿；孩子想要自己吃饭，就让他自己试着吃，哪怕他会撒得满地都是。

4. 理解和接纳孩子的情绪

家长还应该理解和接纳孩子的情绪，尤其是消极情绪，如悲伤、愤怒、恐惧等。当孩子说“妈妈，我怕”时，作为母亲，应理解孩子是真的害怕，允许孩子害怕，而不是说“这有什么好怕的”。

二、指导家长保持自身情绪的稳定

情绪具有很强的感染性，家长的消极情绪会无意识地传递给孩子。有些家长认为孩子还小，什么也不懂，因此有时候会将一些消极情绪发泄在孩子身上，或者当着孩子的面吵架、发脾气等。实际上，孩子对家长的情绪非常敏感，并且家长的不良情绪会严重影响孩子的心理健康，影响安全型依恋关系的建立。

（一）指导家长在面对孩子时，尽量保持耐心和平静 >>>>>>>>>

家长保持稳定的情绪除了需要注意不在孩子面前吵架、发脾气之外，更重要的是家长在与孩子互动的过程中，要注意保持平静、耐心，尤其是在孩子犯错误

小知识

大人频繁地情绪失控，最后遭殃的通常都是孩子。有心理学研究发现，当夫妻在一个房间内发生争吵时，在另一个房间内的孩子的心率会加快，情绪起伏也会变大。出生仅 6 个月的孩子就可以感受到家长在争吵中的压力情绪，并且即使睡着了，孩子身体的某一部分依然会接收周围的信息。

或者调皮的时候。由于婴幼儿控制自己情绪和行为的能力较弱，经常会做出一些令人意想不到的事情。这个时候，如果家长不能控制好自己的情绪，而是用“大声呵斥”“恐吓”等方式对孩子进行管教，也不利于孩子与家长建立安全型依恋关系。

> **想一想**
>
> 小东是一个2岁多的男孩子。他最近变得特别调皮，家长不让他做什么，他偏要做什么。今天，妈妈刚刚把家收拾干净，他就把玩具撒了一地，还把家里的纸巾丢得到处都是。妈妈看到后，气不打一处来，抡起胳膊就打了小东一顿，边打边吼："你怎么搞的？以后再这样我就不要你了！"
>
> 妈妈这样做可能对小东良好依恋关系的建立造成什么影响？

（二）指导家长掌握自我情绪调节方法 >>>>>>>>>>>>>>>>>>>>

当家长意识到自己处于情绪爆发状态前，可以尝试使用以下方法调节情绪。

第一，通过积极暂停，给情绪降降温。当情绪将要爆发时，可以暂时逃离情绪现场，转移一下注意力，如出去逛一圈、洗把脸、给花浇浇水、去洗衣服等。

第二，换一个角度看世界，给情绪一个合理的解释。可以调整自己对事情的看法，换一个角度看问题，给情绪一个合理的解释。比如，“孩子是因为好奇、活泼才把东西撒得到处都是，这是孩子探索世界的一种方式，有利于他认知的发展。”

第三，通过情绪日记，提升识别情绪的能力。当消极情绪产生之后再去管理往往比较困难，所以最好在平时注重提升情绪识别的能力，家长可以通过写情绪日记的方式，用形象、生动的方式记录自己的情绪。

> **练一练**
>
> 访谈 3 位家长，了解当孩子让家长生气时，家长使用什么方法让自己平静下来？

三、指导家长保持对孩子要求和规范的一致性

家长保持对孩子要求和规范的一致性也有利于良好依恋关系的建立。具体来说，家长可以使用以下方式。

（一）同一家长需要保持对孩子要求和规范的一致性 >>>>>>>>>

有些家长由于缺乏养育经验或者由于工作压力和自身情绪等，可能对孩子的态度忽冷忽热，要求时高时低。比如，当家长心情好的时候，就对孩子特别关注，积极和孩子互动，尽量满足孩子的一切要求；当家长心情不好的时候，就对孩子置之不理，甚至用消极的方式对待孩子，对孩子的行为要求十分严格等。家长这样“随心所欲”的做法很难让孩子有安全感、信任感，甚至可能让孩子处于紧张、不安、恐惧的情绪状态中，不利于孩子良好依恋关系的建立。

家长在养育孩子的过程中对孩子的要求和规范应该保持相对一致，不能随便更改。不过，家长在和孩子制定规则时，可以适当设置一些“允许的空间”，避免要求和规范过于严苛、死板。

（二）家庭成员之间需要保持对孩子要求和规范的一致性 >>>>>>

首先，认识并接受不同家庭成员之间的差异。不同家庭成员由于生活经验、知识背景等不同，对养育孩子有不同的理念。有时候，父母和祖辈之间的养育观念可能存在冲突。比如，父母觉得孩子哭了就应该及时抱起来安抚，但是奶奶却觉得孩子哭了就让他哭一会儿，不用立刻抱起来哄；父母觉得孩子可以自己吃饭了，奶奶觉得孩子还小，需要大人喂饭才行。

此时，如果不同家庭成员在养育孩子的方式上不能达成一致，按照各自的要求和规范来养育孩子，就可能导致孩子出现混乱。这也不利于孩子良好依恋关系的建立。

因此，可以通过家庭会议，讨论并明确共同认可的对孩子的要求和规范。比如，可以遵循“抓大放小”的原则，在大的原则性问题上保持一致即可，在小事情上可以适当给予一些灵活性。这样，既可以保证家庭内部的和谐，也可以帮助孩子建立安全型依恋关系。

四、建议家长避免频繁更换孩子的抚养者

典型案例

圆圆一直是由外婆照看的，最近因为外婆身体不好，便由爷爷奶奶过来照顾。2 个月后，因为老家有事，又换了一个保姆照顾圆圆，结果，妈妈发现孩子最近变得特别爱哭、黏人，还老爱发脾气。

想一想：这样频繁更换抚养者是否有利于圆圆安全型依恋关系的建立？

圆圆的这种情况比较普遍。由于有些家长工作忙，他们的孩子可能面临频繁更换抚养者的情况，如爷爷奶奶带一段时间，外公外婆带一段时间，育儿嫂再带一段时间。频繁地更换孩子的抚养者非常不利于孩子安全型依恋关系的建立，家长应该尽量给孩子营造一个稳定的养育环境，让孩子有一个相对稳定的、主要的抚养者和依恋对象，如母亲、奶奶、外婆或者保姆等。

比如，如果白天孩子是由奶奶、爷爷、爸爸、育儿嫂、外公、外婆等不同的抚养者来照看的，那么至少需要保证晚上孩子是由某一个固定的家庭成员来抚养的。这个家庭成员可以是妈妈，也可以是奶奶、外婆或者育儿嫂。不过，一般来说，更建议妈妈来承担孩子主要抚养者的角色，因为良好的母婴依恋关系对孩子安全感的获得尤为重要。

另外，如果各种原因导致不得不更换孩子的抚养者，那么最好保证在孩子 3 岁之前由相对固定的人员来抚养。比如，对于父母离异的婴幼儿来说，他们可以由奶奶或者某位稳定的家庭成员来抚养。

五、通过替代性关系及时调节不良的依恋关系

典型案例

佳佳出生后没多久就遭到了父母的抛弃，从小没有与父母建立良好的亲子依恋关系。幸运的是，他被好心人收养了，并得到了精心的照顾，最终走出了在小时候成为孤儿的心理阴影。长大后的佳佳变成了一个乐观、开朗、懂事的“小暖男”，各方面的发展都比较理想。

研究发现，依恋关系并不是单一的，婴幼儿与抚养者之间存在多重依恋关系。婴幼儿除了与母亲建立“首要依恋关系”之外，还会和其他抚养者，如父亲、祖辈等建立“次级依恋关系”。因此，当婴幼儿与主要养育者形成了不安全的依恋关系时，可以通过与其他家庭成员或者儿童保育工作者建立替代性依恋关系得到弥补。

在另一个案例中，文文出生后，她的母亲因为生病不能很好地照顾她，并且经常将自己的不良情绪发泄在孩子身上，文文从小没有与母亲建立良好的依恋关系。但是，文文的爸爸却一直给予文文无微不至的照料。在这种情况下，文文与爸爸之间建立起来的良好依恋关系就能够弥补因为母亲缺位带来的不良影响。

所以，当婴幼儿出现不安全的依恋关系时，只要家长能够及时干预、调整，婴幼儿依然能够与其他抚养者建立良好的依恋关系。

思考与练习

1. 小朵妈妈很爱小朵，就是有的时候控制不住自己的脾气，当小朵犯错误的时候，她总是忍不住愤怒地吼孩子。所以小朵从小胆子很小，做事情总是小心翼翼地，不敢尝试新鲜事物。请分析一下小朵为什么会这样？

2. 有人说“家长情绪稳定是送给孩子最好的礼物”，你是否赞同这句话？为什么？

3. 举例说明，家长可以通过哪些方法保持情绪稳定？

4. 家长保持对孩子要求和规范的一致性，具体需要注意哪些问题？

5. 有人说，“孩子哭很正常，哭着哭着就习惯了，不用老抱”，你是否认同这种养育方式？为什么？

6. 小凯的父母上班很忙，没有时间照顾小凯，所以小凯由爷爷奶奶、外公外婆每个月轮流来照顾。你认为这种方式是否有利于小凯良好依恋关系的建立？为什么？

7. 有人说“如果一个孩子从小没有和母亲建立良好的依恋关系，这辈子就毁了”，你如何理解这句话？

专题小结

亲子依恋关系是婴幼儿最早建立的，也是最重要的关系，主要分为安全型、回避型和矛盾型三种类型。其中安全型依恋关系属于比较理想的类型，可以促进婴幼儿认知、情绪与社会性等的发展。回避型和矛盾型都属于不太理想的依恋关系，对婴幼儿的健康成长起着消极作用。帮助婴幼儿建立良好的亲子依恋关系，家长首先需要保持自身情绪的稳定性，其次需要保持对孩子要求和规范的一致性，对孩子发出的各种信号做出及时、有效的回应。

学习评价与反思

学完这个专题，你在理解不同亲子依恋类型对婴幼儿的影响方面，以及如何指导家长建立良好的亲子依恋关系方面有哪些新的思考和收获？请完成以下表格。

自我评价，从 1 到 5 代表你对本专题理解或掌握的程度越来越好，根据你的学习情况在相应的数字下打“√”。

	1	2	3	4	5
知识					
技能					
新启发					

专题六
婴幼儿良好生活习惯的培养

飞飞已经2岁半了，再过半年就该上幼儿园了，但是他现在在生活上还不能完全自理。每天吃饭都需要妈妈或者奶奶喂，否则就会把饭菜撒得到处都是；如果家长不提醒他喝水，他自己从来不会主动喝水；每天晚上到了睡觉的时间，他却格外精神，像个夜猫子一样到处折腾，直到半夜实在累了才能睡觉；有时因为没有及时告诉家长要上厕所，还会尿裤子。飞飞在做事情时需要家长反复地提醒和催促，而且飞飞还特别地不高兴，越来越磨蹭。

为此，飞飞的妈妈叫苦连天，每天都被孩子折腾得筋疲力尽。同时，她也十分担心，如果孩子上幼儿园了，该怎么办？

后来，飞飞的妈妈问了几个家长，有些家长也遇到了类似的问题，但也有些家长培养了孩子良好的生活习惯，基本上孩子自己知道在什么时间做什么事情。飞飞的妈妈很羡慕，也想按照其他家长的做法试一试。

>> 学习内容

1. 掌握指导家长培养婴幼儿良好饮食习惯的方法。
2. 掌握指导家长培养婴幼儿良好睡眠习惯的方法。
3. 掌握指导家长培养婴幼儿良好如厕习惯的方法。

>> 学习初体验

找家中有0～3岁婴幼儿的家长进行访谈：你对孩子的饮食、睡眠、如厕等习惯满意吗？主要的担心是什么？

>> 学习交流

和其他人交流一下你的调查结果。

____

____

>> 知识框架图

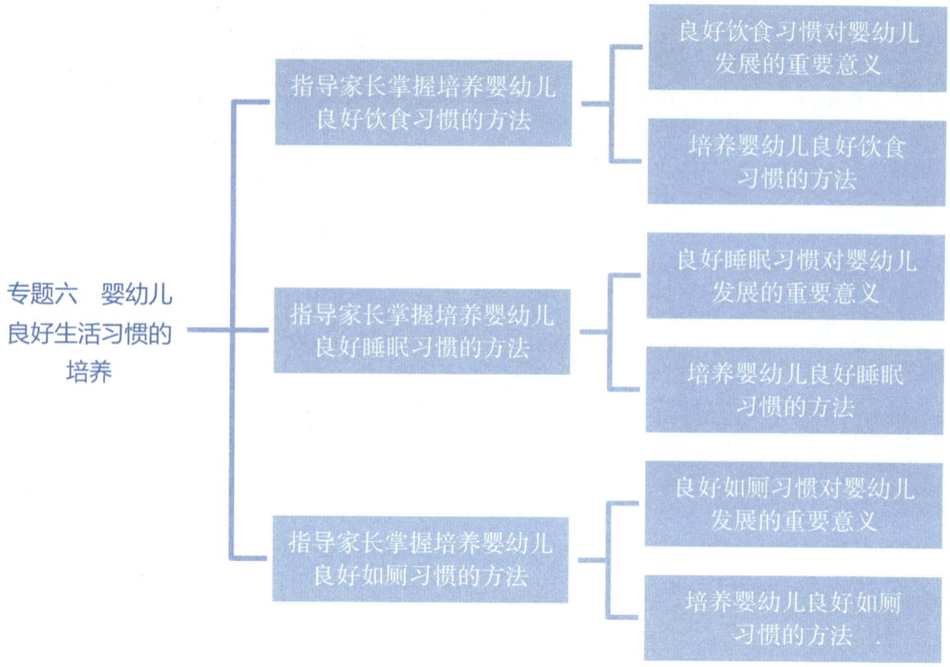

学习任务 6.1 指导家长掌握培养婴幼儿良好饮食习惯的方法

小琛是个2岁多的“小馋猫”。无论家人吃什么，他都表示自己也想吃，大人不给他，他甚至还会直接伸手去抢。家人觉得小琛这样的表现特别有意思，所以有时候也会故意拿一些吃的东西逗他玩。有一次，妈妈在喝饮料。小琛看见了，哭闹着非要喝不可。妈妈看着小琛那副可怜样子，实在不忍心，就给他喝了一口。结果，他越喝越想喝，连白开水和牛奶都不愿意喝了。妈妈喜欢买零食，小琛想吃就吃，经常在吃饭的时候就不饿了，妈妈担心小琛吃不饱，就追着喂饭，每次吃饭都像一场“大战”。饭后一会儿，小琛又说饿了，到处翻零食。

妈妈觉得这样不好，但没有办法。

想一想，你是否遇到过这样的“小馋猫”？你觉得小琛妈妈的做法是否合适呢？如果小琛妈妈向你寻求帮助，你会给她什么建议？

学习任务单

项目	
学习目标	1. 理解良好饮食习惯对婴幼儿发展的重要意义。 2. 指导家长为婴幼儿良好饮食习惯做好示范。 3. 指导家长为婴幼儿创设良好的饮食环境。 4. 指导家长有效纠正婴幼儿不良饮食习惯。
学习要点	1. 饮食习惯对婴幼儿大脑、行为、社会性等方面的综合影响。 2. 指导家长掌握有效地培养婴幼儿良好饮食习惯的方法。
学习时数	1 课时
学习建议	学习前：对家长培养孩子良好饮食习惯的方法进行调研，了解生活中家长常见的做法。 学习中：结合书中给出的方法，思考家长在培养孩子良好饮食习惯中的做法是否科学合理。 学习后：能够将书中介绍的方法整合到指导家长的实际工作中。
学习运用	在培训和与家长沟通时，以及在具体的托育工作中都可以使用。
学习反思	本学习任务中关于饮食习惯的内容，与你之前的理解有差别吗？表现在哪些方面？

一、良好饮食习惯对婴幼儿发展的重要意义

想一想

水水从小就特别爱吃零食、喝饮料。每次吃饭的时候他都说不饿，吃得很少，但是没过多久就喊饿，吵着要吃蛋糕、巧克力、喝果汁。这样的饮食习惯对水水有哪些不良影响？

（一）良好饮食习惯可以保障婴幼儿正常的生长发育 >>>>>>>>

3 岁之前是婴幼儿生长发育的高峰时期，也是关键时期。此时，婴幼儿需要摄入足够的蛋白质、脂肪、碳水化合物、矿物质和维生素等营养物质，以维持机体正常的新陈代谢。

婴幼儿的身体处于快速发育时期，但由于他们的胃容量还较小，消化能力等还不够完善。因此，婴幼儿不能吃得过多、过于精细，也不能吃得过少、过于单一。吃得过多，可能造成营养过剩、肥胖等问题；吃得过少，又可能造成营养不良等问题。培养婴幼儿定时定量进餐、不挑食、不偏食、专心进餐等良好饮食习惯，不仅可以保证婴幼儿正常生长发育所需的各种营养，防止生长发育迟缓、营养不良，也可以预防婴幼儿超重和肥胖。

除此之外，婴幼儿时期养成的良好饮食习惯还可能延续一生，影响着孩子的终身健康。

（二）良好饮食习惯可以促进婴幼儿认知和社会性的发展 >>>>>

1. 良好饮食习惯为大脑发育和智力发展提供保证

良好的饮食习惯可以为大脑发育提供足够的营养，这也为婴幼儿认知发展奠定生物基础。

2. 饮食习惯的养成也是社会化学习的过程

从小养成了良好饮食习惯的婴幼儿，未来更容易养成良好的卫生、睡眠等生活习惯，甚至良好的学习习惯等。一个拥有好习惯的儿童更容易被他人接纳，与他人建立更好的人际关系。同时，一个从小就养成了各种良好习惯的青少年也更独立，更容易适应社会。

典型案例

毛毛去阿姨家做客。在吃午饭的时候，他看见自己最爱吃的虾，就将一整盘虾搬到自己跟前，狼吞虎咽地吃起来，丝毫不顾及其他人的感受。

想一想：如果你也在现场，你会给毛毛的家长什么建议？

二、培养婴幼儿良好饮食习惯的方法

良好饮食习惯不仅影响着婴幼儿的身体健康、心理健康，还会让孩子受益终身。可以指导家长从以下方面培养婴幼儿良好饮食习惯。

（一）家长要做好行为示范 >>>>>>>>>>>>>>>>>>>>>>>>>>>>>>

喜欢模仿是婴幼儿的天性。生活中，他们会潜移默化地受到父母的影响，自觉或者不自觉地观察、模仿家长的饮食行为。比如，当孩子看到家长在吃冰激凌、

喝饮料的时候，他们也想吃、想喝；当孩子看到家长一边吃饭一边看电视时，他们也会养成边吃东西边看动画片的习惯。

因此，家长的饮食习惯会对婴幼儿起到行为示范效果。要想培养婴幼儿良好的饮食习惯，家长首先要以身作则，给婴幼儿树立良好的榜样。比如，家长在吃饭的时候可以表现出对不同食物的兴趣，既吃荤菜也吃素菜，不挑食、不偏食；在吃饭的时候细嚼慢咽、少说话，不做其他事情，专心吃饭等。

扫码学习
"如何培养婴幼儿良好饮食习惯"

典型案例

小刚爸爸喜欢边玩手机边吃饭，喜欢晚上吃冰激凌、喝饮料，没事的时候还喜欢坐在沙发上吃着零食看电视。

想一想：小刚爸爸的行为可能会小刚造成什么影响？

（二）家长为婴幼儿营造良好的进餐环境 >>>>>>>>>>>>>>>>>

1. 营造良好的物理进餐环境

安静、舒适的物理进餐环境可以帮助婴幼儿排除外界干扰，把注意力集中在进食上。这不仅有利于帮助婴幼儿建立进餐的仪式感，加快进餐速度，也有利于他们的健康和安全。比如，家长可以在婴幼儿进餐之前，关掉电视机，收拾好玩具，停止游戏，避免手机、电视机、玩具以及其他家庭成员等干扰婴幼儿的注意力。

因此，家长可以给婴幼儿设定一个“进食专区”。比如，尽量在餐厅吃饭，并且需要坐在专门的儿童餐椅上。

另外，家长需要为孩子准备合适的餐具，如颜色鲜艳、形状可爱、材质不容易摔坏、健康安全的碗和勺子、吸管等。

典型案例

爷爷正在客厅看电视，妈妈端出一碗辅食在客厅喂孩子。妈妈在喂的时候，奶奶在一旁时不时地逗孩子一下，把孩子逗得“咯咯”笑。有时，孩子还会吃着吃着饭就盯着电视机，忘了把食物吞下去。

想一想：这样的环境对孩子进餐可能有什么影响？

2. 营造良好的心理进餐环境

良好的进餐环境还包括愉快、轻松的心理环境。在日常生活中，我们会看到有些家长喜欢在吃饭的时候教育孩子，他们会一边训斥、恐吓孩子，一边逼着孩子进餐。孩子则一边哭闹、挣扎，一边带着情绪进餐。孩子在情绪不良时进餐，可能会产生消化不良。当家长逼迫孩子吃某类食物时，还可能引起孩子的反感，加重孩子的挑食、偏食行为。这些都不利于孩子养成良好的饮食习惯。

因此，想要培养孩子良好的饮食习惯，家长还应该注意在孩子吃饭时营造一个轻松、愉快的心理环境，不要在饭桌上教育孩子。

典型案例

小军刚刚犯了错误，正被爸爸罚站。这时，晚饭时间到了。为了让小军长记性，爸爸要求小军端着自己的小碗，继续站着吃饭。

想一想：小军爸爸这样的做法是否合适？为什么？

3. 要给予婴幼儿更多的自主权

有些家长，尤其是控制型家长为了保证孩子的健康，会严格控制孩子的饮食，对于可以吃什么、不能吃什么、什么时候吃、吃多少等都规定得非常严格，如绝对不能喝饮料、不能吃糖、不能吃零食等。

还有的家长觉得孩子自己吃饭会撒得到处都是，并且效率不高，就会拒绝让孩子主动进食，坚持给孩子喂饭。但是家长这样做既不利于孩子精细动作的发展，也不利于孩子进食技能的掌握，更不利于孩子独立性和自主性的发展。

典型案例

小宝今年 2 岁多了，他最近很喜欢“逞能”，什么事情都想自己做。吃饭的时候，妈妈要帮他把红薯皮剥掉，他生气地甩开妈妈的手，坚持要自己吃。结果，吃完后，场面“一片狼藉”，衣服上、餐桌上、脸上到处粘的都是红薯皮。

想一想：如果你是小宝的家长，会怎么做？

良好饮食习惯的培养需要一个过程，家长应该给予孩子一些自主权，锻炼孩子的自我管理能力。对于不同年龄阶段的孩子，家长应该有针对性地培养其自主进食的能力。

对于 1～2 岁幼儿：培养和鼓励孩子学会使用勺子、小碗等工具自己吃东西，自己使用杯子喝水等。

对于 2～3 岁幼儿：培养和鼓励孩子使用勺子、筷子等更复杂的工具自己吃饭，自己喝水，自己吃水果等。

练一练

1. 观察 0～3 岁婴幼儿的家长，当孩子表达出想要自己吃饭的意愿时，家长会怎样做？

2. 观察：当孩子把饭菜撒得满地都是时，家长会怎样做？

（三）家长要及时强化婴幼儿良好的饮食行为 >>>>>>>>>>>>>

良好饮食习惯的养成是一个长期过程，并不是一蹴而就的。在这个过程中，孩子的行为可能会出现反复，所以强化和鼓励非常重要。当孩子出现良好的饮食行为时，如主动吃平时不爱吃的青菜，或者主动放弃吃糖的时候，家长要及时给予表扬和鼓励，以期待孩子出现更多良好的饮食行为。

家长在强化孩子良好的饮食行为时，要注意两个原则。

第一，表扬要及时。如果表扬不及时，可能起不到强化的作用。所以，当家长发现孩子表现出良好的饮食行为时，要第一时间给予表扬。

第二，表扬要客观且具体。家长在表扬孩子良好的饮食行为时要基于客观事实，并明确指出孩子具体哪些地方做得好。比如，“你今天把青菜都吃完了，真棒！”

（四）要对婴幼儿不良的饮食行为及时干预 >>>>>>>>>>>>>>>>

首先，指导家长意识到，给孩子营造愉快的进餐环境的同时，也要给予孩子一定的进餐自主权，但是这并不意味着家长可以对孩子不良的进餐行为置之不理、放任不管。

其次，指导家长在纠正孩子的不良饮食习惯时，需要注意使用一些小技巧。例如，当孩子挑食时，家长可以通过把孩子不喜欢吃的食物制作成可爱的卡通形象，增加孩子对不喜欢食物的喜爱程度，提升孩子尝试的意愿。

最后，指导家长可以尝试让孩子先吃一些不喜欢吃的，再提供给他喜欢吃的食物；还可以借助绘本、动画片中的人物形象示范或设计相应的故事情节，帮助孩子建立对食物的兴趣等。

思考与练习

1. 良好的饮食习惯对婴幼儿发展有什么影响？
2. 有人说“孩子吃得好才能长得好”，你是否认同这种说法？
3. 小刚的爸爸总喜欢边吃饭边玩手机，你觉得这样可能对小刚良好饮食习惯的养成有什么影响？
4. 如何给婴幼儿营造良好的进餐环境？
5. 小明很挑食，妈妈总喜欢在吃饭的时候批评他。你认为这是否有利于小明良好饮食习惯的养成？
6. 小丽的奶奶总是担心小丽吃不饱，喜欢追着她喂饭，你认为这是否有利于小丽良好饮食习惯的养成？
7. 举例说明，如何及时强化孩子良好的饮食行为？
8. 有些妈妈喜欢将食物做成不同的形状、颜色，你认为这是否有利于培养孩子良好的饮食习惯？
9. 举例说明，如何干预孩子不良的饮食行为？

学习任务 6.2
指导家长掌握培养婴幼儿良好睡眠习惯的方法

在玲玲小的时候，她睡觉特别费劲，要家长一直抱着，睡得也很轻，醒了之后还会大哭。长大一些以后，玲玲还一直和爸爸妈妈睡在同一张床上。每天晚上，爸爸妈妈为玲玲睡觉可是操碎了心，一会儿担心她踢被子，一会儿怕温度不合适，一会儿怕她姿势不对，又担心她会尿床睡得不舒服，等等。

转眼玲玲就快上幼儿园了，玲玲妈妈想和她分床睡，培养她的独立性，但是玲玲妈妈仍然有很多担心和疑问。比如，孩子在小时候总是被抱着睡，这到底好不好？什么时候分床睡比较好呢？如何培养婴幼儿良好睡眠习惯，促进婴幼儿健康成长发育？

学习任务单

学习目标	1. 理解睡眠对婴幼儿发展的重要意义。 2. 掌握营造良好睡眠环境的方法。 3. 掌握建立昼夜节律的方法。 4. 学会指导婴幼儿使用正确的睡眠姿势。 5. 掌握做好婴幼儿独立睡眠准备的方法。
学习要点	1. 睡眠对婴幼儿发展的综合影响。 2. 培养婴幼儿形成良好睡眠习惯的方法。
学习时数	1 课时
学习建议	学习前：了解家长对孩子睡眠方面存在困惑和担忧的主要问题。 学习中：结合本书中给出的方法，想一想在生活中家长的哪些做法是科学、有效的？ 学习后：能够指导家长理解培养孩子形成良好睡眠习惯的重要性并且掌握有效的方法。
学习运用	在培训和与家长沟通时，以及在具体的托育工作中都可以使用。
学习反思	本学习任务对你理解婴幼儿睡眠的意义有何启发？书中提到的具体方法对你指导家长有帮助吗？

一、良好睡眠习惯对婴幼儿发展的重要意义

睡眠在婴幼儿的生命中占据着非常重要的地位。帮助婴幼儿养成良好的睡眠习惯非常重要，良好的睡眠习惯对婴幼儿发展具有以下影响。

（一）良好睡眠习惯有利于婴幼儿身体发育和健康 >>>>>>>>>>>

良好睡眠习惯有利于婴幼儿的身体发育。当婴幼儿进入睡眠状态后，脑垂体开始分泌可以促进骨骼生长、身高增长的生长激素。不良的睡眠习惯可能导致婴幼儿出现内分泌系统功能紊乱，从而造成生长发育迟缓，身材矮小，头围、胸围和体重低于正常婴幼儿等问题。有睡眠习惯问题的婴幼儿未来也更容易出现免疫力低下、爱生病等身体健康方面的问题，在儿童期或成年期也更容易出现一些慢性身体疾病，如肥胖、高血压、糖尿病等。

> **小知识**
>
> 脑垂体是人体最重要的内分泌器官，分为腺垂体和神经垂体。脑垂体可以分泌多种激素，如生长激素、促激素、催乳素等。

（二）良好睡眠习惯可以促进婴幼儿认知发展和情绪发展 >>>>>

大量研究发现，睡眠可以促进中枢神经系统的发育和成熟，有助于维持大脑的高效运转。当人体处于睡眠状态时，大脑并没有真的“睡着”，而是处于“修复”期。此时，大脑内的神经元仍然在活跃地传递着命令。睡眠充足之后，大脑内神经元之间的联系更加紧密了。良好睡眠习惯还可以促进大脑认知功能的发展。研究发现，睡眠，尤其是快速眼动睡眠有利于学习和记忆。

良好睡眠习惯可以让婴幼儿有更积极的情绪状态。这是因为那些有不良睡眠习惯的婴幼儿更可能出现失眠、睡眠不足的情况。而缺少睡眠就像一颗“消极炸弹”，可能让人的情绪更消极。

> **知识链接**
>
> 生长激素对于婴幼儿身高增长有重要作用，它的分泌就像脉冲一样，一阵阵的。生长激素的分泌有2个高峰时期：一个是晚上10点左右到凌晨1点左右；另一个是凌晨5点左右到7点左右。并且，晚上分泌的生长激素比白天分泌的多得多。所以，晚上的睡眠时间对孩子的体格发育尤为重要。

二、培养婴幼儿良好睡眠习惯的方法

指导家长可以通过以下方法来帮助婴幼儿逐渐养成良好睡眠习惯。

（一）为孩子创造良好的睡眠环境 >>>>>>>>>>>>>>>>>>>>>

指导家长从以下几方面入手为孩子创造良好的睡眠环境。

1. 适宜的温度

适宜的温度既有利于婴幼儿更好地入睡，也可以防止因为温差过大而导致感冒等疾病的发生。因此，在炎热的夏季和寒冷的冬季开空调时需要特别注意，不可使温度过低或者过高。

2. 适宜的光线

适宜的光线有利于帮助婴幼儿建立昼夜节律。对于婴幼儿来说，白天睡觉的时候没必要完全遮蔽光线，只需要避免强光用纱巾遮挡即可。这样做可以帮助婴幼儿适应白天的光线，促进视觉的发育。晚上睡觉的时候尽量不要使用白炽灯等光线过强的灯，或者尽量不开灯。如果确实需要，可以使用专门的小夜灯：一方面可以保护婴幼儿的视力；另一方面有利于婴幼儿入睡，帮助婴幼儿养成熄灯睡觉的良好习惯。

3. 适宜的声音

对于婴幼儿来说，只需要保证睡眠环境相对安静，不要有大量噪声即可，没

> **知识链接**
>
> 快速眼动睡眠是指在睡眠过程中有一段时间内的脑电活动很特殊，脑电波频率变快，振幅变低，同时还表现出心率加快、血压升高、肌肉松弛，与学习和记忆有关的大脑区域海马组织会异常活跃。海马内存储的短时记忆信息将被移动到脑皮质中存储长时记忆的地方，帮助人们巩固新学习的知识。

扫码学习
"如何培养婴幼儿良好睡眠习惯"

必要绝对保持安静，停止家人之间的正常交流，一点声音都不敢出。实际上，一些白噪声反而有利于婴幼儿的睡眠，如下雨的声音、催眠曲等。

4. 适宜的寝具

婴幼儿最好有自己专门的寝具、卧室。比如，家长可以在固定的地方为婴幼儿准备一张软硬适中的婴儿床，挑选一些舒适的、柔软的床单、被套、睡衣等。除此之外，还应该根据季节、温度变化随时调整被子、衣服的厚度，经常拆洗和晾晒，保证寝具的干净、舒适。

5. 管理好电子设备

电子设备是公认的“睡眠杀手”之一。因此，家长需要特别管理好家里的电子设备，如手机、电视机、平板电脑等。这些设备发出的光线、声音都可能影响孩子的睡眠。家长应该注意尽量不在孩子的卧室放置或者使用这些设备。

6. 保持良好的情绪

睡前要尽量让婴幼儿保持愉悦、平静的情绪，避免训斥、恐吓孩子。家长可以通过睡前小故事、催眠曲等帮助孩子入睡。

实践应用

调查 0～3 岁婴幼儿的家长，了解他们在为孩子创造睡眠环境方面应用了哪些方法?

	不太注意	一般	很注意
适宜的温度			
适宜的光线			
适宜的声音			
适宜的寝具			
管理好电子设备			
保持良好的情绪			

温馨提示

婴幼儿在睡觉前可能会有一些睡前信号，如打哈欠、揉眼睛、在妈妈身上蹭来蹭去或者烦躁、哭闹等。家长可以根据婴幼儿的作息时间，及时捕捉到这些睡前信号，让婴幼儿更快地进入睡眠状态。

（二）形成规律、稳定的昼夜节律

第一，规律、稳定的作息时间有助于婴幼儿昼夜节律的形成，帮助婴幼儿养成良好的睡眠习惯。家长就可以有意识地培养孩子规律、稳定的作息时间，让孩子养成在固定时间和地点入睡、起床的好习惯。

第二，家长可以帮助孩子形成一套稳定的睡前仪式或流程。例如，8 点开始洗漱，洗完之后穿上固定的睡衣，躺在卧室的床上，伴着妈妈的睡前故事入睡。这些仪式性的动作可以对婴幼儿形成睡眠暗示，也可以帮助他们更好地从白天的“兴奋模式”切换到夜间的“平静模式”。

家长可以和孩子约定好每天的熄灯时间，让全家人都参与并共同遵守。比如，每天晚上到了熄灯时间，全家人都要回到自己的卧室，准备睡觉，不允许再看电视等。全家人的共同遵守可以为婴幼儿建立规律、稳定的作息时间树立良好的榜样示范，更有利于帮助婴幼儿养成到点就睡觉的好习惯。

（三）采用正确的睡眠姿势 >>>>>>>>>>>>>>>>>>>>>>>>>>>

第一，减少不恰当的睡眠姿势。有的婴幼儿在睡觉的时候喜欢趴着睡，或者用被子蒙着头睡。这些睡眠姿势可能会造成婴幼儿血液循环不流畅、心脏受到压迫或者呼吸不顺畅等，还可能导致婴幼儿入睡困难、容易惊醒等。帮助婴幼儿掌握正确的睡眠姿势有利于他们的身体健康，也可以预防呛奶、异物堵塞口鼻、猝死等睡眠危险。

第二，采用适宜的睡眠姿势。一般来说，婴幼儿适合仰卧或者侧卧的姿势，不适合俯睡（趴着睡）和跪着睡等。仰卧的姿势不仅可以让婴幼儿全身肌肉得到放松，而且可以降低婴幼儿猝死综合征的发生。如果婴幼儿有回奶或吐奶的习惯，仰卧时可以将头偏向一侧，或者采用侧卧的睡眠姿势。家长可以通过角色扮演、榜样示范等方式教孩子掌握正确的睡眠姿势，也可以带着孩子一起在床上练习正确的睡眠姿势，或者通过绘本阅读等方式一起模仿正确的睡眠姿势。

思考与练习

1. 有人说“孩子都是在晚上睡觉的时候长高的”，你是否认同这种说法？

2. 有些婴幼儿会有“起床气”，即起床后情绪不好，爱发脾气、哭闹等。你认为产生这种现象的原因可能是什么？

3. 请简单说明，良好睡眠习惯对婴幼儿发展的影响。

4. 因为怕打扰孩子睡觉，有的家长会特意轻手轻脚、不敢说话。你认为这是否有利于婴幼儿良好睡眠习惯的养成？

5. 如何为婴幼儿创造良好的睡眠环境？

6. 如何培养婴幼儿形成规律、稳定的昼夜节律？

7. 除了本书中提到的方法之外，还有哪些方法有助于培养婴幼儿良好睡眠习惯？

学习任务 6.3 指导家长掌握培养婴幼儿良好如厕习惯的方法

跳跳妈妈对孩子的大小便时间特别在意，不管在家里还是出去玩，都会按照自己设定的时间，把孩子抱在怀里，嘴里一边发出“嘘嘘”的声音，一边念叨着：“赶紧拉，别等我刚给你换完衣服你又拉。”于是跳跳开始挣扎，表示自己不想大便或者小便，甚至哭闹不止。但是，跳跳妈妈依然会坚持这个姿势，强迫跳跳拉，直到他拉出来为止。

明明妈妈跟跳跳妈妈不一样，她认为有尿不湿太方便了，给明明穿上尿不湿之后，就觉得万事大吉，从来不提醒明明，明明也没有养成主动如厕的习惯。但是上幼儿园之后，明明遇到了很多问题，如经常尿湿裤子，导致其他小朋友不愿意跟他一起玩等。

如果跳跳妈妈和明明妈妈向你描述了她们自己的做法，你会给她们什么建议呢？

学习任务单

学习目标	1. 理解良好如厕习惯对婴幼儿发展的意义。 2. 理解在合适的时机开始如厕训练的重要性。 3. 理解如厕训练要做好的准备。 4. 能够指导家长对孩子进行有效的如厕训练。
学习要点	1. 如厕训练的关键环节和方法。 2. 掌握指导家长对孩子进行如厕训练的技能。
学习时数	1 课时
学习建议	学习前：调研并了解家长在培养孩子形成良好如厕习惯中使用的方法。 学习中：结合书中给出的方法，思考家长的哪些方法是科学有效的？ 学习后：能够指导家长掌握有效的如厕训练的方法。
学习运用	在培训和与家长沟通时，以及在具体托育工作中都可以使用。
学习反思	学习本内容之前，你对婴幼儿的良好如厕习惯是如何理解的？学习之后，对你指导家长有哪些具体帮助？

一、良好如厕习惯对婴幼儿发展的重要意义

（一）良好如厕习惯有利于婴幼儿的生理健康 >>>>>>>>>>>>>>

帮助婴幼儿养成自主控制大小便、按时大小便的良好如厕习惯，则可以从小锻炼婴幼儿神经系统对排泄的控制调节功能，让婴幼儿的排泄系统得到更好的发育，功能更成熟，更少出现憋尿、便秘等问题。

另外，帮助婴幼儿养成在大小便后洗手的良好如厕习惯也有利于他们的身体健康，避免病从口入。

（二）良好如厕习惯有利于婴幼儿健康心理和人格的形成 >>>>>

如厕是一件比较私密、个人的事情，如果婴幼儿能够学会控制自己的大小便，养成自主如厕的良好习惯，他们就会有更多的幸福感、成就感和自主感。另外，良好如厕习惯的养成对婴幼儿自我意识、性别意识、人际交往、入园适应也有重要意义。

典型案例

小光已经快 3 岁了，还总是尿裤子或者尿床。为此，小伙伴们都不愿意和他玩，还嘲笑他喜欢尿裤子、很臭等。小光的性格也因为这件事情变得越来越自卑，不愿意出门和小伙伴们玩了。

想一想：这种情况对小光有什么影响？

二、培养婴幼儿良好如厕习惯的方法

指导家长在遵循婴幼儿生理成熟的基础上，理性对待培养婴幼儿良好如厕习惯这件事情。具体来说，家长可以采用以下方法。

扫码学习
"如何培养婴幼儿良好如厕习惯"

（一）需要在合适的时机开始训练 >>>>>>>>>>>>>>>>>>>>>>

一般来说，培养婴幼儿良好如厕习惯，开始对婴幼儿进行如厕训练的最佳年龄段为 1.5～2 岁。

首先，因为在这个年龄段幼儿的膀胱肌肉结构、功能和神经系统都基本发育成熟，具备了自主控制排泄活动的生理基础。

其次，在这个阶段，幼儿大小便，尤其是大便次数基本形成了规律，如每天 1～2 次；这个年龄段的幼儿基本学会了走路、说话，能够理解家长的要求，具备了一定的表达能力。

最后，这个年龄段的幼儿自我意识、性别意识开始发展，具备了独立如厕的愿望、需求和必要性。

因此，家长可以在尊重婴幼儿生理发育的个体差异的基础上，根据婴幼儿的实际情况，对婴幼儿进行如厕训练。

知识链接

一般来说，婴幼儿会发出一些身体信号，提示家长开始对他们进行如厕训练。例如，有的婴幼儿有了便意之后会突然停止玩耍、停止走路、突然不说话、两腿夹住不动等；有的婴幼儿在看见家人上厕所时，会表现出浓厚的兴趣，并学着大人的样子如厕等；有的婴幼儿已经具备坐稳、表达需求的能力等。

（二）做好心理、物品和环境准备

当婴幼儿具备进行如厕训练的生理基础之后，家长还需要帮助婴幼儿做好心理、物品方面的准备，为婴幼儿如厕习惯的养成提供良好的环境条件。

首先，家长和孩子都要做好心理准备。一方面，家长需要做好心理准备。比如，家长可以特意给自己选择一个相对空闲的时间段，全身心地投入到孩子良好如厕习惯的养成中，并时刻提醒自己要保持积极的心态。另一方面，家长需要帮助婴幼儿做好心理准备，让他们愿意积极配合。比如，家长可以告诉孩子“你是大孩子了，要在卫生间或者小马桶上拉臭臭”。家长还可以让孩子体验良好如厕习惯带来的愉快、舒服的感觉，以及成就感。

其次，做好物品准备。家长需要准备好适合婴幼儿如厕习惯养成的器具、衣服等。比如，家长可以专门为孩子购买合适的儿童便盆、小马桶，以及方便穿脱的衣服等，并且向孩子展示小马桶如何使用，开始的时候，最好把小马桶放在孩子比较容易看见的位置。比如，如果孩子长时间待在客厅，则把小马桶放在客厅里。随着孩子对小马桶的使用越来越熟练之后，可以逐渐将其移到卫生间。

最后，做好环境准备。当婴幼儿如厕的时候，家长应尽量避免其他人或事物对他的打扰，让其专心如厕。比如，在婴幼儿如厕时，不要逗他们玩，也不要给他们零食、玩具等。

练一练

调研身边 0 ~ 3 岁婴幼儿的家长：

1. 在孩子多大的时候开始培养其如厕习惯？
2. 是否为孩子做好了物品准备？准备了什么物品？

（三）家长合理表达期望和要求

家长清楚、明确地表达自己的期望和要求更有利于婴幼儿养成良好如厕习惯。具体来说，家长在向孩子表达期望和要求时，要注意以下三点。

第一，简单。言简意赅地向孩子表达自己的要求，避免重复啰唆。比如，家长可以表达“要去小马桶上拉臭臭”，而不是“我跟你说，你已经长大了，要学会使用小马桶，知道吗？如果你想拉臭臭就去小马桶上”。

第二，明确。要明确地告诉孩子应该怎么做，而不是顾左右而言他。比如，家长可以表达“你该用小马桶了”，而不是“你已经很久没有用小马桶了，我们现在试一下，好吗？看看你能不能拉出来，如果可以的话，等会妈妈带你出去坐摇摇车”。

第三，避免情绪化。家长在向孩子表达期望和要求时，要保持平和的心态，而不要焦虑、急躁或者生气地表达。比如，家长可以表达“下次想拉臭臭的时候，就去小马桶上”，而不是一边吼一边说：“跟你说了多少遍了？你怎么又拉在身上了？简直臭死了，我看你真是没救了！”

练一练

小娟2岁了，如厕的时候总是需要家人帮忙，或者直接拉在尿不湿里。为此，妈妈特意买回了一个卡通小马桶，希望可以培养孩子独立如厕的习惯。今天，小娟和妈妈正在客厅玩耍，小娟突然说："妈妈，我想拉臭臭。"

如果你是小娟的妈妈，你会如何告诉小娟到小马桶上如厕？

（四）家长应善于使用鼓励和表扬策略

恰当的表扬和鼓励可以帮助婴幼儿建立养成良好如厕习惯的信心。具体来说，家长可以采用以下方法。

第一，当孩子成功如厕时，家长应抓住时机及时表扬他们的良好行为。家长可以这样说："宝宝，你做得真棒，今天成功地在小马桶上拉臭臭了。"或者说："宝宝今天真棒，没有拉在裤子上。"在这里，家长需要注意的是，不要轻易使用物质奖励的方式来表扬孩子，避免影响孩子习惯养成的内部动机。

第二，当孩子在养成习惯的过程中如厕失败或者犯错误时，家长也要保持冷静和淡定，尤其需要注意的是不要使用惩罚、批评、指责的方式。

家长可以就事论事，帮助孩子面对问题，并给予孩子鼓励和指导。比如，家长可以这样说："宝宝尿裤子了，我们来洗一洗。""下一次，你想尿尿之前就去小马桶上坐着。""妈妈相信你，下次一定可以自己去小马桶上尿尿。"

家长需要找到孩子失败的原因，并且给予相应的指导。但是家长不要替代或者直接帮助孩子，而应该陪着孩子，让他们自己独立完成。

（五）家长可以利用游戏、绘本及其他资源指导孩子掌握独立如厕的技能 >>>

为了帮助婴幼儿掌握独立如厕的方法和技巧，帮助婴幼儿养成独立如厕的良好习惯，家长可以适当利用游戏、绘本及其他资源。

1. 利用游戏

家长可以通过情景模拟游戏的方式让孩子提前练习如何如厕，如何脱裤子、穿裤子、擦屁股等，让孩子掌握独立如厕的技能。家长还可以利用家中的洋娃娃等玩具，让孩子练习正确地如厕。

2. 利用绘本

阅读绘本可以帮助孩子形成良好如厕习惯的意识，增强孩子养成良好如厕习惯的兴趣和信心。比如，家长可以选择适合婴幼儿年龄段的绘本《我会用小马桶》《便便大象》《我不尿裤子了》等，与孩子一起阅读。在进行绘本阅读时，家长还可以适时提问，引导孩子思考，帮助孩子更好地了解养成良好如厕习惯的重要性。

3. 利用其他资源

家长还可以利用动画片等来培养孩子良好的如厕习惯。当然，游戏、绘本和动画片这些资源也可以同时使用，如先阅读绘本，再看动画片，最后玩游戏。

温馨提示

当婴幼儿坐在小马桶上时，避免使用游戏、玩具、绘本、电视等资源，以免分散孩子的注意力，延长如厕时间。

思考与练习

1. 不良的如厕习惯，如把尿会对婴幼儿造成什么影响?
2. 良好如厕习惯，如独立如厕对婴幼儿的发展有什么意义?
3. 家长培养婴幼儿良好如厕习惯的方法有哪些?
4. 什么时候对婴幼儿进行如厕训练比较合适？为什么?
5. 帮助婴幼儿养成良好如厕习惯，需要做好哪些准备?
6. 举例说明，帮助婴幼儿养成良好如厕习惯，家长应该如何表达期望和要求?
7. 有的孩子尿裤子之后，会受到家长严厉的批评，这种做法是否有利于婴幼儿养成良好如厕习惯?
8. 当孩子如厕成功或者如厕失败时，家长如何做比较合适?
9. 当孩子在如厕时，家长可以和孩子玩游戏，帮助他养成良好如厕习惯。你认为这种做法对吗？应该如何正确利用游戏培养孩子良好如厕习惯?

专题小结

饮食、睡眠、如厕是婴幼儿时期重要的三大生活习惯。帮助婴幼儿养成定时定点和独立吃饭、睡觉、如厕等良好生活习惯不仅有利于婴幼儿正常的生长发育以及未来的身体健康，还有利于婴幼儿健康人格和心理的形成。家长帮助婴幼儿养成良好的生活习惯，首先要创设良好的环境，其次要做好榜样示范，最后还要给予婴幼儿更多的自主权，以及善于使用鼓励、表扬等策略。

学习评价与反思

学完这个专题，你在理解培养婴幼儿良好生活习惯方面有哪些新的思考和收获？请完成以下表格。

自我评价，从 1 到 5 代表你对本专题理解或掌握的程度越来越好，根据你的学习情况在相应的数字下打“√”。

	1	2	3	4	5
知识					
技能					
新启发					

考证指南

《育婴员国家职业技能标准》要求育婴员具备对婴幼儿进行“生活照料”的相关知识和技能，其中涉及婴幼儿饮食习惯、睡眠习惯和如厕习惯的培养。

初级

相关知识要求：

1.3.1 婴幼儿排便的生理特点

1.3.2 便后清洁的注意事项

1.3.3 睡眠与婴幼儿生长发育的关系

1.3.4 适宜的睡眠环境要求

技能要求：

1.3.1 能引导婴幼儿排便

1.3.2 能为婴幼儿进行便后清洁

1.3.3 能为婴幼儿更换尿布或纸尿裤

1.3.4 能为婴幼儿准备睡眠卧具

1.3.5 能安抚婴幼儿入睡

中级

相关知识要求：

1.3.1 婴幼儿大小便观察及处理的相关知识

1.3.2 婴幼儿大小便习惯养成方法

1.3.3 睡眠环境的相关知识

1.3.4 睡眠不安的相关知识

1.3.5 婴幼儿睡眠习惯养成教育及注意事项

技能要求：

1.3.1 能观察婴幼儿的大小便并做出相应的处理

1.3.2 能引导婴幼儿使用便器，专心排便

1.3.3 能进行睡眠环境的创设

1.3.4 能引导婴幼儿按时入睡

1.3.5 能进行睡眠不安的处理

高级

相关知识要求：

1.2.1 营养行为与营养气氛的相关知识

1.2.2 婴幼儿进餐环境创设的必要性

1.2.3 婴幼儿饮食习惯养成教育相关知识

技能要求：

1.2.1 能进行营养气氛的创设和营养行为的指导

1.2.2 能培养良好的饮食习惯

专题七
高质量陪伴婴幼儿的多种途径

“妈妈什么时候回来啊？”“爸爸你陪我玩一会儿行吗？”孩子总是希望父母能够有多一些时间陪着他们，但对于父母来说，有时也存在着些许困扰，要不就是没时间，要不就是有时间但又不知道如何利用，费尽心思买的玩具孩子又不喜欢，想做游戏又不知道玩些什么，和孩子一起读书又怕太枯燥……

孩子有着强烈的亲子情感互动的需求，家长需要如何高效地陪伴孩子呢？如果有家长向你寻求帮助，你会给他们什么建议呢？

>> 学习内容

1. 了解陪伴对婴幼儿的重要性和影响。
2. 掌握玩具的选择方法。
3. 掌握亲子游戏的操作方法。
4. 掌握亲子阅读的具体方法。

>> 学习初体验

对 0 ~ 3 岁婴幼儿的家长进行访谈。

1. 你每天和孩子在一起的时间有多长？
2. 你和孩子在一起都做些什么？

>> 学习交流

和其他人交流一下你的调查结果。

____

____

>> 知识框架图

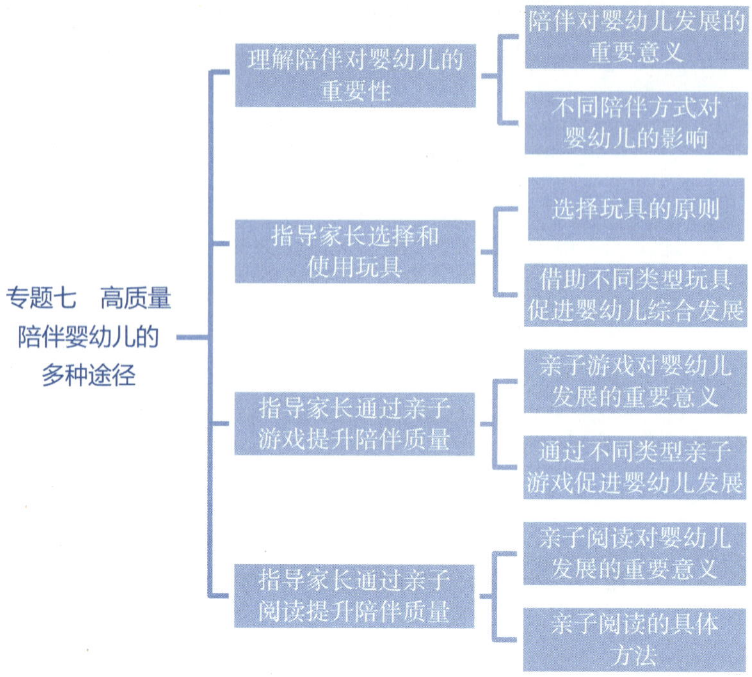

学习任务 7.1 理解陪伴对婴幼儿的重要性

开家长会时，赵老师展示出三张不同情境的图片。第一张是孩子正在搭积木，爸爸在旁边玩手机；第二张是孩子正在搭积木，爸爸指着地上的一块积木让孩子放到最上面；第三张是孩子和爸爸两人面对面蹲在地上，一起搭积木。接着，赵老师问了三个问题："这三张陪孩子的图片有什么不一样？""你在和孩子玩时，这三种情况各占的比例大概是多少？""孩子在这三种情况下的反应有什么不一样？"

班里的家长立刻讨论了起来。有家长说："在我家，第一种情况比较多，孩子会不停地叫'爸爸你看'，特别闹人。"有家长回应说："你试试和孩子一起玩，就是第三种情况，一起玩 10 分钟，孩子就能自己玩，不会一直叫你了。""是这样，孩子很聪明的，我也发现我在看手机时，他会一直不停地叫你，要是和他说几句话，还能好点，要是能和他一起玩会儿，他才能踏实半天。"

随着家长的讨论和交流，赵老师又给家长讲了陪伴对婴幼儿的重要性，以及不同的陪伴方式对婴幼儿未来成长的影响。让家长从现象到本质地理解了"看着孩子、陪着孩子、和孩子一起玩儿"之间的巨大不同。

学习任务单

学习目标	1. 理解陪伴对婴幼儿发展的重要性。 2. 理解 4 种不同陪伴方式的特点。 3. 理解 4 种不同陪伴方式对婴幼儿发展的影响。
学习要点	1. 陪伴对婴幼儿整体发展的影响和意义。 2. 指导家长意识到自己的陪伴方式。
学习时数	1 课时
学习建议	学习前：调研和观察身边家长的陪伴方式与孩子发展的情况，是否有差异？ 学习中：结合书中给出的不同陪伴方式的特点，对照生活中家长的做法，对不同陪伴方式有更清晰的理解和把握。 学习后：能够指导家长觉察和意识到自己的陪伴方式并进行改进。
学习运用	在培训和与家长沟通时，以及在具体的托育工作中都可以使用。
学习反思	在学习本内容之前，你对陪伴方式是如何理解的？学习之后，对你有哪些新的启发？

一、陪伴对婴幼儿发展的重要意义

（一）陪伴能够满足婴幼儿的心理需求和有助于培养良好的行为习惯 >>

在陪伴中，一方面，婴幼儿能够获得安全感，满足归属与爱的需要。通过生活细节的体验，孩子能够直接感受到家长的爱。另一方面，家长在活动中的情感表达也是促进婴幼儿学习情感表达的有效方式，为婴幼儿情绪与社会性发展奠定基础。

另外，在陪伴中，父母不仅以身作则提供观察榜样，在潜移默化中影响婴幼儿行为的形成或改变，而且会监督婴幼儿不断练习、重复，强化良好行为出现的频次，促进良好行为习惯的形成。

（二）陪伴能够激发婴幼儿探索世界的兴趣 >>>>>>>>>>>>>>>>

家长在度过亲子时光时，总是会设计多样而充实的活动。在这些活动过程中，一方面，家长可以有意识地观察婴幼儿在亲子活动中的反应，通过活动设计激发婴幼儿的兴趣，促进其多元智能的发展；另一方面，婴幼儿在接触到不同活动形式的时候，每一项活动对于他们来说都是新颖的，这些体验能够激发婴幼儿的兴趣和发展潜力。

相关政策

《全国家庭教育指导大纲（修订）》“0—3 岁儿童的家庭教育指导”提出要加强亲子陪伴。

加强亲子陪伴。指导家长认识到陪伴对于儿童成长的重要性，学会建立良好的亲子依恋关系，不用电子产品代替家长陪伴儿童，多与儿童一起进行亲子阅读；学习亲子沟通的技巧，与儿童建立开放的沟通模式；关注、尊重、理解儿童的情绪，合理对待儿童过度情绪化行为，有针对性地实施适合儿童个性的教养策略，培育儿童良好情绪；处理好多子女家庭的亲子关系、子女间的关系，让每个儿童都得到健康发展。

典型案例

“她自己能玩，我就是在旁边看着她有没有受伤，我的作用和保姆的区别并不大。”这是一位妈妈说的。

想一想：针对这个问题你想对这位妈妈说什么？

（三）陪伴为和谐的家庭关系和亲子关系奠定基础 >>>>>>>>>>>

首先，亲子关系的维系需要家长和婴幼儿的共同努力。在家长长期的、高质量的陪伴过程中，婴幼儿通过观察学习，逐渐学会与人交往和沟通的正确方式，学会处理好与父母的关系。

其次，陪伴的受益者不仅是婴幼儿，陪伴也是家庭成员之间互相沟通交流的契机，整个家庭都会在陪伴增多的同时提升幸福感，使得家庭氛围变得更加和谐、温馨。在陪伴婴幼儿的过程中，家长忘记生活的繁忙和工作的压力，回归本真的乐趣，从看似简单的活动中获得最原始的满足和最简单的幸福。

小知识

观察学习是美国心理学家班杜拉在 20 世纪 60 年代提出的一个概念，是指人们仅仅通过观察他人（榜样）的行为及其结果就能学会某种复杂行为，又称替代学习、无尝试学习。

二、不同陪伴方式对婴幼儿的影响

我们以陪伴时长为横坐标，以陪伴质量为纵坐标，将家长陪伴方式分成四种情况：长时高质量、短时高质量、长时低质量和短时低质量，如图 7-1 所示。

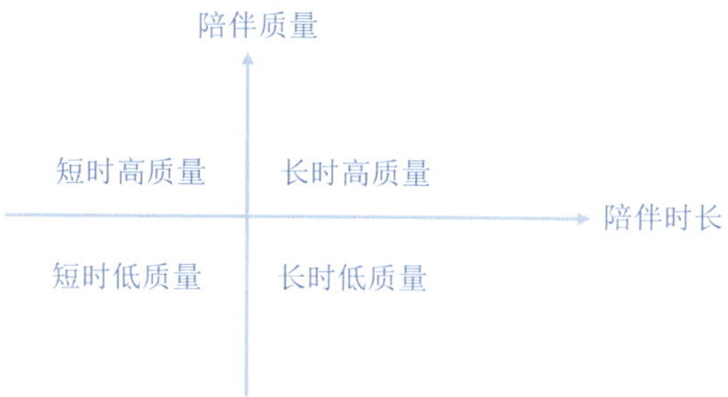

图 7-1　家长陪伴方式

（一）长时高质量陪伴方式对婴幼儿的影响 >>>>>>>>>>>>>>>

1. 长时高质量陪伴方式的特点

长时高质量陪伴方式不仅有较为充分的陪伴时长，也能够高效利用陪伴时间，生活事件和活动都处理得很充分。这种陪伴方式除了能够保障时间和质量之外，整体氛围是温馨、和谐的，婴幼儿能够敏锐地觉察父母的情绪，并期待与父母共同参与活动。父母也能够在活动中体会到最纯真的快乐和幸福，亲子之间的情感联结较为紧密，家庭整体氛围温馨、和谐。

2. 对婴幼儿发展的综合影响

对于婴幼儿来说，父母的陪伴和照顾有利于其身心发展，能够获得更多的安全感和情感经验。在父母的引导下充分体验各种活动，对婴幼儿思维的发展和提升有很大帮助，同时，在长时间的陪伴中婴幼儿与父母的交流增多，这对婴幼儿人际交往能力的培养也有显著作用。

3. 建议长时高质量陪伴方式的家长继续保持这一有效做法

如果父母有条件，保证一定时长的陪伴是很重要的。同时，父母在努力维持和满足长时陪伴的基础上要适时更新活动类别，挑选不同的活动形式，保持活动的新鲜感，也可以特别抽出时间参与婴幼儿设计的活动和游戏。

练一练

观察身边 0～3 岁婴幼儿的家长，找到长时高质量陪伴方式的家长，了解以下问题。

1. 每天陪伴孩子的时间有多长？
2. 与孩子在一起的时候，都做些什么？

（二）短时高质量陪伴方式对婴幼儿的影响 >>>>>>>>>>>>>>>

1. 短时高质量陪伴方式的特点

短时高质量陪伴方式在生活中较为常见，在核心家庭中父母双方通常都在工作，孩子交由幼儿园或祖父母照看，父母在工作日与孩子相处的时间多发生在晚上，陪伴时间为 2～3 小时，在周末及节假日陪伴时间较长。

家长陪伴活动质量较高，如与孩子一起进行体育运动、亲子阅读、玩玩具等，在活动中能够充分与孩子交流互动。

2. 对婴幼儿发展的综合影响

虽然陪伴时长有限，但孩子仍然能够在父母的陪伴中获得快乐，集中的亲子活动也能够给孩子留下深刻的印象，并极大地提高亲子陪伴的期待值，有助于亲子关系的巩固和情感的交流。

3. 建议短时高质量陪伴方式的家长可以优化陪伴质量

首先，父母不必过度担心陪伴孩子的时间短，在无法延长陪伴时间的现状下要努力提高陪伴质量。

其次，如果陪伴孩子的时间有限，可将陪伴寓于生活事件中，如一起刷牙、一起吃饭、讲睡前小故事等。

练一练

观察身边 0～3 岁婴幼儿的家长，找到短时高质量陪伴方式的家长，了解以下问题。

1. 每天陪伴孩子的时间有多长？
2. 与孩子在一起的时候，都做些什么？

（三）长时低质量陪伴方式对婴幼儿的影响 >>>>>>>>>>>>>>>

1. 长时低质量陪伴方式的特点

父母虽然和孩子在一起的时间较长，但由于对陪伴的重要性认识不足或方法不当，因此有效互动较少，交流时间有限，时间利用得不够充分。比如，父母虽然与孩子在一起，但没有陪伴意识，常常用玩具或电子产品打发孩子。

2. 对婴幼儿发展的综合影响

长时低质量陪伴方式不利于亲子情感的互动，更不利于婴幼儿与父母之间的交流，对婴幼儿的身心发展无显著的助力作用。

3. 建议长时低质量陪伴方式的家长进一步优化陪伴的内容

首先，相处时间并不是检验陪伴有效性的唯一标准，家长不必单纯为了和孩子在一起而耗时间。

其次，与孩子在一起做什么更重要。因此，父母与孩子一定要有双向互动的活动，如一起做游戏、讲故事、做运动等。此外，父母可以根据婴幼儿的特点设计不同的亲子活动。

练一练

观察身边 0～3 岁婴幼儿的家长，找到长时低质量陪伴方式的家长，了解以下问题。

1. 每天陪伴孩子的时间有多长？
2. 与孩子在一起的时候，都做些什么？

（四）短时低质量陪伴方式对婴幼儿的影响 >>>>>>>>>>>>>>>>

1. 短时低质量陪伴方式的特点

有些家长没有时间陪伴孩子，这类父母因工作繁忙无暇顾及孩子，在极其有限的陪伴时长内也较为迷茫，不知道做些什么或者与孩子离得较远，如孩子在祖父母家生活，孩子的照看者缺少陪伴意识。

2. 对婴幼儿发展的综合影响

短时低质量陪伴使得孩子与父母的情感联系较少，对父母比较生疏，不利于亲子感情的建立，孩子的安全需要、归属与爱的需要无法满足，使得孩子缺乏安全感，缺少共情意识，影响其个性的完善和社会交往技能的提高。如果持续下去，孩子与父母之间的关系便较难修复。同时，在缺少父母榜样作用下，部分孩子会出现行为问题或语言问题。

3. 建议短时低质量陪伴方式的家长进行整体调整

父母在努力提高陪伴质量的同时要尽最大可能延长陪伴时间，如果因为客观因素无法改变陪伴时长，如和孩子不在一个城市，面对面的互动情况无法得到改善，可以通过电话、视频、录音、录像等方式多了解孩子，增加与孩子交流互动的机会。

想一想

你是在什么样的陪伴方式下成长的，如果能够回到过去，你会对你的父母提出什么建议？

思考与练习

1. 陪伴对婴幼儿成长的重要性？

2. 陪伴方式的划分维度是什么，可分成哪几种？

3. “我的工作很忙，没什么时间陪孩子，有机会的话我会好好利用的。”这种思想影响下的父母在陪伴孩子的过程中通常会选择什么陪伴方式，请你给他们提一些建议。

4. “孩子的爸爸妈妈特别懒，把孩子往我这儿一放就什么也不管了。”这是一位奶奶说的话，这种情况属于什么类型的陪伴方式，会造成什么后果？

5. 最佳陪伴方式是什么，在实施过程中父母应该注意什么问题？

6. “爸爸即便总是在家，也不怎么陪我玩。”这是什么类型的陪伴方式，请你为这位爸爸提一些教育建议。

7. 主题讨论：父母如何协调时间高效陪伴孩子？

8. 主题讨论：在陪伴过程中父亲和母亲的作用分别是什么，不能同时陪伴的情况下如何进行角色分担？

学习任务 7.2 指导家长选择和使用玩具

自从有了壮壮，壮壮妈妈就开始给他买各种各样的玩具。客厅是壮壮的“乐园”，放满了各种类型的玩具，有大的、小的、不同颜色的、手推的、遥控的各种小汽车，有各个型号的、不同主题的积木，有大大小小的皮球，还有各种拼图等益智玩具。平常爷爷奶奶带壮壮出去玩时也总会顺手在路边买些玩具，如各种图案的气球、会走的声光玩具等。

最近壮壮妈妈有些烦恼。一个问题是壮壮妈妈发现壮壮总是玩会儿这个，玩会儿那个，哪个玩具玩的时间都不长，为什么刚买回来这些玩具时壮壮都很喜欢，却每个玩具都玩不了多久呢？另一个问题就是路边的玩具能不能买？以后还要不要给孩子买玩具呢？

壮壮妈妈带着疑惑去找了赵老师，赵老师的讲解让壮壮妈妈发现：不仅如何选择适合孩子的玩具很重要，而且玩具如何收纳和充分使用也是有很多学问的。

学习任务单

学习目标	1. 了解选择玩具的原则。 2. 了解玩具主要分为几大类。 3. 理解不同玩具对婴幼儿发展的促进作用。
学习要点	1. 玩具的种类及各自的特点。 2. 指导家长有效发挥不同玩具的作用。
学习设备设施	从身边找一找能够制作各类玩具的材料，如纸、棉布、容器等。
学习时数	1 课时
学习建议	学习前：观察家长给孩子选择玩具的偏好，以及他们在亲子互动中使用玩具的习惯。 学习中：结合本书中提到的选择和使用玩具的建议，思考生活中家长的做法是否科学、有效。 学习后：能够指导家长为不同年龄段的孩子选择玩具，并且有效地使用玩具。
学习运用	在培训和与家长沟通时，以及在具体的托育工作中都可以使用。
学习反思	学习本内容之前，你对玩具是如何理解的？你了解玩具的不同类型吗？学习之后，对你指导家长有何帮助？表现在哪些方面？

一、选择玩具的原则

（一）注重安全性与耐用性原则 >>>>>>>>>>>>>>>>>>>>>>>>>>

首先，为 0～3 岁婴幼儿挑选玩具应该考虑其安全性。婴幼儿识别危险的能力较弱，手中的玩具既有可能是娱乐和学习的工具，也有可能是危险的导火索。因此，家长需要对玩具进行检查：是否存在锋利的边角，是否易碎，是否过小易吞咽。除此之外，还要仔细检查玩具的原材料是否包含有毒物质，颜色是否容易脱落，以及是否易清洗、易消毒等。

其次，在满足安全的条件下，以经济、耐用的玩具为考虑对象。选择经济实惠的玩具，既能减少家庭的不必要开支，也能避免亲子之间因为购买玩具引发的矛盾；选择耐用的玩具，能够延长每个玩具的使用周期，培养婴幼儿珍惜事物的习惯。

（二）注重多样性与适量性原则 >>>>>>>>>>>>>>>>>>>>>>>>>>

玩具的种类繁多，不同玩具的功能不同，家长在为婴幼儿选择玩具的时候需要注意种类的多样性，刺激婴幼儿多种潜能的发展。

另外，婴幼儿总是对新的玩具充满好奇，对玩具拥有的欲望和需求也是无限的，家长要有意识地控制婴幼儿玩具的数量，促使每一种玩具充分利用。

想一想

目前有一种玩具"传承"的现象，如姐姐或哥哥当年的玩具留着给弟弟、妹妹玩，有的孩子的玩具会传给邻居的孩子继续使用，请你来评价一下这种现象（谈一谈优缺点分别有哪些）。

二、借助不同类型玩具促进婴幼儿综合发展

（一）指导家长发挥感统类玩具的作用 >>>>>>>>>>>>>>>>>>>

1. 感统类玩具可以促进感知觉的发展

0～3 岁婴幼儿通过感知认识世界、探索世界。借助感统类玩具，婴幼儿从环境中获取信息传到大脑中进行精细加工，并做出适当反应，达到身体与大脑相互协调，使感官得以刺激和开发，并提高对事物的认知。例如，橡皮泥、太空沙、超轻黏土、蹦床、万花筒、触觉球等能够提高婴幼儿对颜色、触感等的灵敏程度，让婴幼儿对大小、轻重、上下等概念有初步认识。

2. 家长也可以利用身边的器材制作感统类玩具

在家里，彩色毛球、纸杯、悦耳的小铃铛、用被子做的穿行障碍跑道等都可以被利用起来。

小知识

感觉统合是人体将各器官各部分的感觉信息输入组合起来，除视觉、听觉、味觉、嗅觉、肤觉外，还包括前庭觉、运动觉和机体觉，经过大脑统合之后，对身体内外知觉做出反应，使不同部分协调工作，促使个体与环境的顺利接触，提高个体的适应能力。如若这一能力不足，会使认知能力和适应能力削弱，造成好动不安、注意力不集中、动手能力差、社会交往水平偏低等问题。

实践应用

1. 在你周围寻找一些材料，独自或者分小组制作适合 0～3 岁婴幼儿的感统类玩具。

2. 你们制作的玩具可以促进婴幼儿哪些感知觉能力的发展？相互分享一下。

（二）指导家长发挥情景类玩具的作用 >>>>>>>>>>>>>>>>>>>

1. 情景类玩具来源于生活

情景类玩具通常按照比例缩小生活物品，以仿真类玩具为主，如模拟家具、模拟厨房、模拟医用物品、仿真交通工具，以及为“小造型师”提供的模特娃娃、为“小营业员”提供的顾客等。

这类玩具一般以组合形式出现。例如，一套锅碗瓢盆，多种蔬菜、水果模型，或客厅、卧室里的全套小家具，或特定人物的标志性道具，如金箍棒、仙女棒、王冠等。

2. 情景类玩具能够扩展婴幼儿的生活领域

首先，让孩子接触熟悉的场景，如模拟的卧室、厨房等，之后可慢慢引入职业情景类玩具，如医生的听诊器、教师的小黑板等，从接触家长日常面对的职业情景到慢慢地让孩子接触较为不熟悉的情景，从而扩大视野。

在使用情景类玩具时，需同时呈现一组玩具，而非让婴幼儿把玩单个玩具，要让婴幼儿形成整体的认识，允许婴幼儿发挥自身的创造力将玩具重组整合。

实践应用

1. 在你周围寻找一些材料，独自或者分小组制作适合 0～3 岁婴幼儿的情景类玩具。

2. 向家长介绍你自己制作的情景类玩具，他们认可吗？

（三）指导家长发挥结构类玩具的作用 >>>>>>>>>>>>>>>>>>>

1. 结构类玩具能够促进婴幼儿思维能力和操作能力的发展

结构类玩具是能够自由建构的玩具，至今已有较多种类，如积木游戏、堆沙游戏、磁力片等，通过动手造型，构建成物体，实现婴幼儿主观思想及客观现实的反映。

2. 要充分考虑不同年龄阶段婴幼儿的发展特点

2 岁以前的婴幼儿对结构类玩具主要以移动和拿放为主，感受重量和平衡，婴幼儿不宜直接接触数量较多的组合类玩具，家长让他们自由探索即可。

3 岁左右的幼儿可以进行结构类物体的拼搭，探索图形的奥妙，而不以特定的形态或图案作为最终的游戏目标。

另外，结构类玩具的单元块较多，最好选用较大的整理盒，引导婴幼儿养成整理玩具的习惯。

（四）指导家长发挥益智类玩具的作用 >>>>>>>>>>>>>>>>>>>

1. 益智类玩具可以促进婴幼儿智力发展

很多玩具都有益智的功能。比如，传统益智类玩具（七巧板、九连环、万花筒、鲁班锁等）能够丰富婴幼儿的知识并发展其智力，对婴幼儿想象力、思维力均有提高作用。在婴幼儿早期，还可适当选择互动类玩具来提高婴幼儿的语言能力，如可以模仿说话的玩偶等，增加婴幼儿开口互动的频次。

2. 以玩为主，不过分强调“学”

在使用益智类玩具的过程中应当以活动趣味和发展思维为主，以学习为辅，让婴幼儿将玩益智类玩具当作玩耍的活动而非学习的任务。比如，可以选择一些立体图画书作为婴幼儿认识事物、开阔视野、了解和感受故事的对象，这些图画书的颜色要鲜明，应以线条和图案为主，也可以有少许文字，婴幼儿能够在其中辨色、数数、认识图案甚至学习简单的文字。

> **想一想**
>
> 如何挑选和使用益智玩具才能让婴幼儿感觉是在“玩”而不是在“学”？

（五）指导家长发挥音乐（艺术）类玩具的作用 >>>>>>>>>>>>>

音乐类玩具占了艺术类玩具很大的比重，我们以音乐类玩具为例进行讨论。

1. 音乐类玩具的分类

音乐类玩具主要分为四类：播放型，类似音乐播放器，以玩具为主要的音乐输出物，如音乐盒、音乐智能公仔；乐器型，与专业乐器类似，如键盘类、弦类玩具；辅助型，通常作为反馈或输出式的背景音乐，如音乐脚垫，当孩子无意间触碰到脚垫时就会发出音乐作为反馈；社交型，以音乐作为合作媒介，多人同时进行时会输出美妙的音乐。

2. 使用音乐类玩具的原则

音乐类玩具应以简单、直观为主，让婴幼儿能够迅速理解玩具的真正玩法，输出形式需多样，任由孩子自由组合发挥。

实践应用

调研身边 0～3 岁婴幼儿的家长，看看在他们家中哪类玩具最多？

	较少	一般	较多
感统类			
情景类			
结构类			
益智类			
艺术类			

思考与练习

1. 选择玩具的原则是什么？
2. 按照玩具的用途将玩具分为几类，分别是什么？
3. 感统类玩具的作用是什么？
4. 音乐类玩具可分为哪几类，分别是什么？
5. “玩具越多，孩子发展得越全面。”你认为这种说法对吗，为什么？

6. 在进行结构类游戏时，部分家长热衷于改变婴幼儿的“破坏性”行为，对此你怎么看？

7. 主题讨论：婴幼儿不管是在看到同伴的玩具还是在商场中看到琳琅满目的玩具时，总是抵抗不住新玩具的诱惑，家长在遇到婴幼儿索要新玩具的时候应当怎么做？

8. 主题讨论：随着信息时代的到来，虚拟玩具、电子玩具的数量越来越多，家长应如何平衡电子玩具和传统玩具？

学习任务 7.3
指导家长通过亲子游戏提升陪伴质量

很多家长到幼儿园接孩子时，总会提到不知道陪孩子玩什么。王老师在了解到这个情况后，设计了为期一个月的亲子活动周，每周一个主题，引导家长在亲子游戏中提升陪伴质量。第一周是亲子运动会，安排在园内，设计亲子托球接力、两人三足、滚车轮等运动项目；第二周是亲子情景剧，选择一个简单的绘本故事，如“小马过河”，指导家长用一周的时间和孩子一起阅读、演绎；第三周是亲子设计师，主要是利用积木、纸等材料，让孩子和家长每天在半小时内，一起创造出不同的物品；第四周是亲子对对碰，通过按照一定的规则完成游戏，如“123 木头人”“请你跟我这样做”等。

一个月之后，王老师召开家长会，让大家说说这一个月的感受、收获、疑惑等。家长普遍反映：没想到每天用半个小时专心和孩子一起玩效果这么好，孩子没有以前那么闹人了，能自己玩了，能听进去话了，而且家长也觉得心情很愉快。有的家长还主动分享了自己和孩子开发出的新游戏。

亲子游戏是婴幼儿成长过程中重要的教育方式，在游戏过程中不仅婴幼儿的身心能够得到发展，亲子关系、家长的情绪及家庭氛围也会随之改善。在亲子游戏中怎样“玩”好、怎样既“玩”得充分又有意义是许多家长关注的焦点。本节课一起来了解亲子游戏的重要意义，以及不同类型亲子游戏的实施吧！

学习任务单

学习目标	1. 理解亲子游戏对婴幼儿发展的意义。 2. 掌握开展亲子游戏的基本原则。 3. 掌握几种主要的亲子游戏。
学习要点	1. 不同类型亲子游戏的作用。 2. 掌握指导家长开展亲子游戏的具体方法。
学习设备设施	较大的空间，可以进行各种游戏的练习。
学习时数	1 课时
学习建议	学习前：调研和观察生活中主要的亲子游戏类型。 学习中：结合本书中对亲子游戏的分类，思考生活中的亲子游戏主要促进婴幼儿哪些能力的发展。 学习后：能够指导家长理解亲子游戏的意义，并且掌握有效开展亲子游戏的方法。
学习运用	在培训和与家长沟通时，以及在具体的托育工作中都可以使用。
学习反思	对于本书中介绍的亲子游戏的种类，你熟悉吗？学习之后，对你指导家长开展亲子游戏有哪些具体的帮助？

一、亲子游戏对婴幼儿发展的重要意义

（一）亲子游戏促进婴幼儿身心发展 >>>>>>>>>>>>>>>>>>>>

婴幼儿在亲子游戏中能够与家长充分沟通、互动，语言表达能力和社会性发展也随之提升。同时，亲子游戏能够丰富婴幼儿的知识、扩大其视野，多次活动的重复和练习能够促进婴幼儿记忆力、注意力、想象力、创造力的发展。

另外，婴幼儿在亲子游戏过程中积极思考、动手操作、参与身体活动等，有利于提高婴幼儿的身体素质，刺激其感官发展，提升动手能力。因此亲子游戏对婴幼儿身体成长、认知、思维、情感、社会性、品德等方面的成熟和发展均有推动作用。

（二）亲子游戏为婴幼儿的良好行为奠定基础 >>>>>>>>>>>>>>

在游戏中，父母对婴幼儿更加有耐心，增加亲子双方情感的交流，加深了解，婴幼儿的行为问题及情绪问题也会减少。

同时，早期的“游戏指令”会慢慢地开始“约束”婴幼儿的行为，能够在规范行为的同时，为他律意识的培养和品德的建立奠定基础。通过亲子游戏，亲子之间的积极行为和接纳程度增强，婴幼儿与父母沟通交流的期待上升，能够改善并提高婴幼儿的适应能力、社交能力。

（三）促进家长对婴幼儿的了解，营造和谐的家庭氛围 >>>>>>

在亲子游戏中，家长能够通过参与不同种类的游戏获得互动体验，加深对婴幼儿兴趣爱好、情绪情感、性格特点、成长变化的了解。

除此之外，家长在亲子游戏中与婴幼儿互动能够调整家长的情绪状态，在忙碌的工作中获得快乐，减轻工作压力，在简单的活动中回归童真，使整个家庭氛围轻松、和谐。

二、通过不同类型亲子游戏促进婴幼儿发展

根据游戏的功能及其对婴幼儿发展的促进作用，可将亲子游戏分为运动游戏、角色扮演游戏、假装游戏、规则游戏。

（一）指导家长有效开展运动游戏 >>>>>>>>>>>>>>>>>>>>>>>

1. 运动游戏的作用

婴幼儿时期的运动游戏是以身体锻炼为主的活动性游戏。随着年龄的增长，婴幼儿的肌肉群开始慢慢发展，婴幼儿对有着较高身体要求的游戏产生较大的好奇。运动游戏对婴幼儿身体机能的各方面发展都有积极意义，对规则意识的形成、情感的满足以及与家长之间的互动均有辅助作用。

> **想一想**
>
> 有的家长说，孩子自己运动就行了，家长就是在旁边看着，不用和他们一起玩，也不用指导他们，这种想法能发挥亲子游戏的作用吗？

2. 指导家长有效开展亲子运动游戏的具体做法

首先，在亲子运动游戏中，家长首先需要扮演好保护者和监督者的角色，防止婴幼儿因为身体发育不完全、运动不到位而出现磕碰现象。

其次，选择的游戏要符合婴幼儿年龄和身体发展的特点，以游戏形式贯穿整个活动，避免运动量过大或超负荷运动等给婴幼儿带来身体及心理伤害。

再次，家长可以逐渐有意识地引导婴幼儿参加技巧类活动，并开始学习借助工具，如传球游戏；举重投篮游戏（家长将婴幼儿抱起，由婴幼儿将手中的皮球投入篮中）；运输游戏等。

最后，体育活动包含竞争因素，为保证婴幼儿的积极性和情感满足，家长可适当“示弱”。

> **实践应用**
>
> 1. 调研 0～3 岁婴幼儿的家长，了解他们和婴幼儿一起玩的亲子运动游戏主要有哪些？
>
> 2. 很多家长在和孩子进行运动游戏时，存在一个这样的疑惑：“跟孩子比赛，到底是该赢还是该输？”如果家长向你咨询这一问题，你会怎么说？

（二）指导家长开展角色扮演游戏 >>>>>>>>>>>>>>>>>>>>>>>

1. 角色扮演游戏的特点

由参与者扮演自己、动物、事物或他人完成互动，达到情境完整性的活动就是角色扮演游戏。既可以实现某种目标后结束游戏，又可以以故事的形式随着故事结尾而结束游戏。角色扮演游戏对婴幼儿社会性发展有较大影响作用，能够锻炼婴幼儿的表达能力和沟通能力，提高其对情境认识的整体性。

2. 指导家长掌握角色扮演游戏的具体做法

首先，家长在角色扮演游戏过程中要尽量还原真实情境。但这样做并不意味着真实情境中的所有物质因素都要还原，选择有代表性的即可，如标志性的动作、声音或道具，如扮演小狗时发出“汪汪”的声音、做出孙悟空的标志性挠头动作等。

其次，选择适合的游戏场景，如过家家游戏、小动物扮演游戏、绘本表演游戏或职业场景表演等。

实践应用

1. 调研 0～3 岁婴幼儿的家长，了解他们和婴幼儿一起玩的角色扮演游戏主要有哪些？

2. 回忆下你小的时候印象最深的角色扮演游戏是什么？描述出来，和同学们一起重温一下这些游戏。

（三）指导家长开展假装游戏 >>>>>>>>>>>>>>>>>>>>>>>>>>

1. 假装游戏的特点

假装游戏是为构建游戏情境，游戏参与者以声音、手势或物品代替眼前并不存在的真实事物来完成游戏走向的活动。假装游戏在婴幼儿时期的适合年龄约为 2 岁，他们会在游戏中降低对具体事物的依赖，依靠符号表征功能、想象力和创造力完成模仿。

例如，婴幼儿会用手掌纵向敲向一块积木假装自己在切菜，会用“滴滴滴”的声音假装自己在开车，会将手蜷缩成筒形假装那是一杯水递给妈妈，会用两根手指假装成筷子给爸爸夹菜……

2. 指导家长掌握假装游戏的具体做法

首先，在游戏过程中家长需要配合婴幼儿进行表演，尽量还原真实场景下的情感。

其次，要和婴幼儿有动作性或语言性的互动，做游戏的平行玩家或共同玩家，增加游戏的互动性，允许婴幼儿存在“天真”的想法。

实践应用

1. 调研 0～3 岁婴幼儿的家长，了解他们和婴幼儿一起玩的假装游戏主要有哪些？

2. 针对假装游戏，家长有什么困惑？

3. 针对家长的困惑，你会给出什么建议？

（四）指导家长开展规则游戏

1. 规则游戏的特点

规则游戏强调游戏按照一定规则进行，违反规则就会输掉游戏。相对于其他类型的游戏，规则游戏强调对于规则的服从意识，如“123 木头人”“请你跟我这样做”“抢凳子”等。规则游戏能够提高婴幼儿对指令性言语的敏感程度，可以培养婴幼儿遵守集体和社会道德规范的习惯，对改正不恰当行为、提高合作意识和参与感起到积极作用。

2. 指导家长掌握规则游戏的具体方法

首先，家长需要在游戏过程中向孩子清楚地说明规则，保证孩子能够真正地理解规则。

其次，在游戏开始之前家长最好做出示范，让孩子学习规则的具体操作过程。

最后，当婴幼儿对自己没有信心时，家长要适当降低难度，并且鼓励他们，避免婴幼儿失去游戏乐趣。

思考与练习

1. 亲子游戏的重要意义是什么？
2. 亲子游戏可以分为哪几种类型？
3. 在实施运动游戏的过程中，家长需要注意什么？
4. 在角色扮演游戏中，对于婴幼儿扮演家长的某些行为，家长突然制止并说“不是这样的”，这样做对吗？
5. 假装游戏的特点是什么？
6. 规则游戏的特点是什么？
7. 主题讨论：如何提高游戏活动的有效性和趣味性？
8. 主题讨论：在游戏过程中，父亲和母亲分别扮演什么角色？

学习任务 7.4
指导家长通过亲子阅读提升陪伴质量

欣欣妈妈从小就喜欢给欣欣读绘本故事。在欣欣 2 岁生日时，妈妈送给欣欣的礼物是一个书架，是欣欣专属的粉色小书架。欣欣特别开心，把自己的绘本从爸爸妈妈的书架上拿下来，认真地、一本本地摆在自己的小书架上，然后从书架上抽出“小熊宝宝绘本”系列《过生日》，让妈妈读给她听，之后每天欣欣都会在自己的小书架前和妈妈一起读绘本，有时还有模有样地自己翻看。

多多喜欢搭积木和开小汽车，不太喜欢看书。一天，多多妈妈在给多多学绘本里小恐龙的样子时，没想到引起了多多的兴趣，他和妈妈一遍遍地模仿绘本里小恐龙的各种动作和表情，嘴里还配合着发出声音，开心极了。妈妈像发现了新大陆，从此每天都让多多选择一个绘本故事，和多多一起模仿里面的角色和情节，慢慢地，多多喜欢上了绘本，开始主动叫妈妈给他读绘本了。

在日常生活中，也有一些家长不知道如何让孩子喜欢上阅读，进而培养其阅读的习惯，从欣欣妈妈和多多妈妈的做法里，你能得到什么启发呢？

学习任务单

学习目标	1. 理解亲子阅读对婴幼儿发展的意义。 2. 理解亲子阅读的环境条件。 3. 理解亲子阅读的内容选择。 4. 掌握指导家长开展亲子阅读的方法。
学习要点	1. 亲子阅读对婴幼儿终身发展的主要意义。 2. 掌握开展亲子阅读的环境、内容、互动策略。
学习设备设施	相关的亲子阅读材料。
学习时数	1 课时
学习建议	学习前：调研家长在亲子阅读的环境创设、内容选择和互动策略上的做法。 学习中：结合书中给出的建议，思考生活中家长的哪些做法是有效的。 学习后：能够在实践中指导家长开展有效的亲子阅读。
学习运用	在培训和与家长沟通时，以及在具体的托育工作中都可以使用。
学习反思	学习本内容之前，你对亲子阅读是如何理解的？学习之后，你有哪些新的收获？对你指导家长有哪些具体的帮助？

一、亲子阅读对婴幼儿发展的重要意义

阅读兴趣的发展是在 2～3 岁，婴幼儿开始对故事、书籍感兴趣，这为以后的阅读能力发展奠定良好的开端和基础。

（一）亲子阅读能够促进婴幼儿语言能力的发展 >>>>>>>>>>>>

亲子阅读的内容多为绘本或其他图书，能够让婴幼儿在跟随家长的分享中，模仿正确的口语使用方法，词性也会随着阅读量的积累由简单的名词到动词、形容词等，逐步提高婴幼儿识别话语中语音模式的准确性。除口头语言的表达之外，婴幼儿还可以学会更多的词语和文字的表达方式，对培养书面语言也有良好的奠基作用。

（二）亲子阅读能够促进婴幼儿情感的发展 >>>>>>>>>>>>>>>>

在亲子阅读的过程中，父母通过面部表情、语音语调、简单的肢体动作等将书中冷冰冰的文字形象化地为婴幼儿传递信息和情感，即使婴幼儿可能不知道其中的含义，也能在家长的声音中获得陪伴的满足和安全感的提升。

婴幼儿在此过程中能够根据家长的朗读体会到情感的变化，甚至可以感受到自己的情感会随着故事的发展而变化，产生情感共鸣，获得丰富的情感体验和合适的情感表达方式。

练一练

观察家长与孩子一起阅读的时候，家长和孩子的表情、眼神有什么特点？是否会比较同步？

（三）亲子阅读能够促进婴幼儿思维的发展 >>>>>>>>>>>>>>>>

绘本中图画的呈现更有利于婴幼儿展开想象，在其脑海中形成一个个鲜活的形象。要将静态的图画连成动态的故事，就需要婴幼儿自己去想象。

同时，婴幼儿在品读故事的过程中非常爱问“为什么”，在探求故事发生、发展的原因及结果时，婴幼儿应发挥自身的想象力和创造力。

在阅读过程中婴幼儿对该活动的专注力和注意力会有所上升，在不违背婴幼儿成长规律的基础上，家长可逐渐适当延长时间，锻炼婴幼儿专注于某件事情的注意程度。

（四）亲子阅读能够促进婴幼儿养成良好行为习惯和阅读习惯 >

阅读过程中婴幼儿会根据自己的喜好模仿书中的人物，这对婴幼儿行为品格的养成也有重要影响。例如，婴幼儿总是会以自己作为书中的主人公和父母一起“演”出来，在生活中也会倾向出现主人公的类似行为，学习和模仿有利于塑造婴幼儿良好的人格与行为品格。

亲子阅读行为能够让婴幼儿在成长过程中形成良好的阅读习惯，并将其作为

充实自己的方式之一。有意识地从书中获得知识和经验，为婴幼儿性格的完善与社会性的发展起到积极推动作用。

想一想

你还记得小时候和父母一起读过的对你影响最大的绘本是什么吗?

二、亲子阅读的具体方法

为了让孩子更喜欢阅读，家长可以参照以下做法。

（一）设定亲子阅读时间和亲子阅读区 >>>>>>>>>>>>>>>>>>

可以设置亲子阅读时间和亲子阅读区。固定、有序的时间点能够让婴幼儿形成阅读习惯，最好选择婴幼儿情绪比较稳定的时间进行亲子阅读，如睡觉前、饭后一小时等。每次亲子阅读的时间最好在 20 分钟以内。

亲子阅读区要相对安静，要减少或清除其他能够吸引婴幼儿注意力的玩具、家具或其他新颖的器物，要远离电视、电脑等娱乐产品，图书陈列要整齐，要让婴幼儿一眼就能够看到其封面，同时定时更新书目。

除固定的亲子阅读区以外，在婴幼儿的活动空间，如床边、沙发、玩具区、书房等都可以放上书，提高书籍的出现率。

想一想

部分家长会存在这样的疑惑：既然在孩子活动范围的各个角落都要放上书，那为什么还要有固定的亲子阅读地点呢？对此你怎么看?

（二）根据婴幼儿的年龄选择适宜的阅读材料和内容 >>>>>>>>>

对于 0 ~ 1 岁的婴儿，阅读材料的色彩需鲜明、色调明暗交替、图案清晰。注意书籍的光滑与粗糙、凸起与凹陷等多种触感对婴幼儿感知觉的开发。内容的选择以图片为主，且与婴幼儿所处的周围环境有很大的相似度，如动物、植物、玩具、交通工具等内容。

对于 1 ~ 2 岁的幼儿，书本质量要结实，纸的边缘不要太过锋利，内容偏向生活类（如行为规范、生活顺口溜），动物类（需要拟人化，有简单的语言输出），场景类（熟悉的生活场景，与实际生活相贴近），适当增加认知类书籍。

对于 2 ~ 3 岁的幼儿，最好选择厚纸张的书籍，可选择拟人化的童话故事和生活化的故事绘本。在为婴幼儿挑选故事内容时除了可以根据婴幼儿的年龄、认知水平、阅读习惯、性格特点等选择之外，还可以融入历史人文背景，依据地区或国家的特点选择本民族特色内容，培养民族文化和民族精神。

实践应用

1. 对适合 0 ~ 1 岁、1 ~ 2 岁、2 ~ 3 岁不同年龄阶段婴幼儿的绘本进行查询，有哪些好的绘本可以推荐给家长，便于家长用于亲子阅读。

2. 列出你推荐的适合亲子阅读的绘本的清单，与同学们互相交流，并说明你推荐这些绘本的理由。

（三）采用适宜的亲子互动阅读方法 >>>>>>>>>>>>>>>>>>>>

有效的亲子互动能够提高阅读效果，家长可以采用以下方法。

第一，情境创设法。情境创设是亲子阅读活动的导入环节，家长可以有效利用阅读材料的封面，在讲述封面的同时激发孩子的兴趣，设置悬念，根据材料内容设置一些疑问：“你觉得他为什么会哭呢，你猜猜他想要干什么？”如果孩子的年龄较小，家长可以利用一些图片、语言、动作或声音创设情境，引起他们的兴趣。

第二，模仿重复法。在阅读过程中可以让家长有意识地与孩子互动，引导孩子模仿故事中的人物的语言、动作、表情。有时候孩子总是会缠着家长一遍又一遍地讲他们喜欢听的故事，家长可以让孩子模仿和重复讲述的内容，在重复的过程中他们能够加深对故事的理解。

第三，讲述提问法。在亲子阅读的过程中，家长可以适当提问，问题不宜过难，要把握提问时机，不要影响故事情节的连贯性。在阅读过程中如果孩子听得很认真，家长尽量不要用问题干扰他们的注意，可以在阅读之前让孩子依据封面预测一下这是个什么故事，也可以在阅读之后让他们对阅读内容进行复述。

第四，想象衍生法。亲子阅读结束后可以通过延伸活动，如表演游戏，让孩子亲身体验整个故事，或创编一些顺口溜、儿童诗等对故事进行总结。家长也可以在阅读想象空间较大、情节简单、故事简短的内容后让孩子为故事创编结尾，或者当孩子对某个人物的做法有异议或不认同的时候依照孩子的想象继续演绎故事。

实践应用

1. 调研：家长在亲子阅读中主要使用什么方法？

2. 练习：针对本书提供的几种亲子阅读方法，分组进行角色扮演和实践应用练习。

思考与练习

1. 亲子阅读对婴幼儿发展的重要意义是什么？
2. 亲子阅读有助于婴幼儿思维的提升体现在哪些方面？
3. 阅读材料的选择需要注意什么？
4. 亲子阅读的具体方法有哪些？
5. 在亲子阅读实施过程中使用提问法需要注意什么？
6. “反复阅读一本书孩子会腻，只读一遍又有点浪费”，针对家长提出的这一问题，你怎么看？
7. “对于不会说话的孩子，给他读故事的时候他听不懂，因此起不到太大作用。”针对家长的这一问题，请你为他提出方法指导。
8. 主题讨论：角色扮演在亲子阅读活动中的有效运用。
9. 主题讨论：创设亲子阅读环境时需要注意什么？

专题小结

本专题讨论了家长有效陪伴孩子的重要性和方法，并从选择和使用玩具、亲子游戏、亲子阅读三个角度提供了理论及实践参考，同学们可以将所学内容有意识地应用到教育实践中，并根据实践中出现的问题补充相应的理论知识。依据不同孩子的特点选择不同陪伴方式与技巧，家长在实施过程中要善于观察总结，不断丰富自己的理论知识和实践技能。

学习评价与反思

学完这个专题，你在理解高质量亲子陪伴方面有哪些新的思考和收获？请完成以下表格。

自我评价，从 1 到 5 代表你对本专题理解或掌握的程度越来越好，根据你的学习情况在相应的数字下打“√”。

	1	2	3	4	5
知识					
技能					
新启发					

专题八
帮助幼儿做好入园准备

家长说起孩子要上幼儿园这事，总是存在各种担心：“我家孩子吃饭比较慢，还爱掉饭，自己也想不起来喝水，这样能上幼儿园吗？”“听说在幼儿园中午要午睡，可是晶晶在家都是下午玩到困了才睡，怎么办？”“我家孩子比较淘气，幼儿园老师不喜欢他或者批评他怎么办？”“我家孩子胆子小，幼儿园里孩子多，真是担心他受欺负。”“我家孩子身体不那么强壮，听说孩子上幼儿园后都爱生病，怎么办？”“我家孩子这三年一直都是我带的，她就要上幼儿园了，我既担心她，又舍不得她。”

也有家长提出了自己的想法和困惑：“孩子不上幼儿园，行不行？”有这种想法的家长的理由也不一样：“孩子在幼儿园也学不了什么，在家里有老人带。”“孩子上学就没自由了，这三年想让孩子自由自在地玩三年。”“我家孩子的奶奶是老师，她刚退休，在家一对一不是更好吗？”

你怎么看家长对孩子入园的这些担心和困惑，如果家长向你咨询，你会如何回应呢？

>> 学习目标

1. 了解适应幼儿园生活对幼儿各方面发展的意义和影响。
2. 掌握幼儿入园适应的具体方法。
3. 指导家长做好幼儿的入园适应。

>> 学习初体验

对 0 ~ 3 岁婴幼儿的家长进行访谈：对于幼儿入园，你最担心的是什么？

>> 学习交流

和其他人交流一下你的调查结果。

____

____

>> 知识框架图

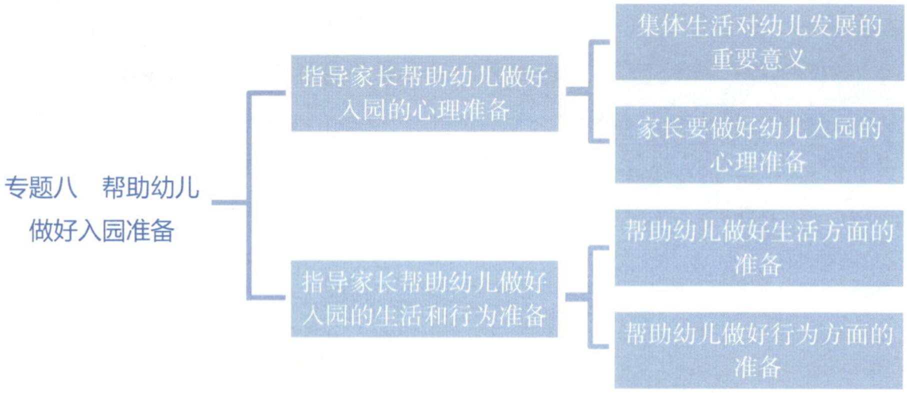

学习任务 8.1 指导家长帮助幼儿做好入园的心理准备

“祝宝贝 2 岁生日快乐！宝贝长大了，要上幼儿园了。”晶晶的爸爸妈妈唱完生日歌后和晶晶说。“妈妈，我不想去，我想在家和你在一起。”“宝贝，你一定会喜欢去的，幼儿园里有好多和你一样大的小朋友，还有会唱歌、会做游戏的老师，还有滑梯、独木桥，还有好多你喜欢的绘本。你回家后就能看到妈妈了，还能给妈妈讲好玩儿的事情。”从这天开始，晶晶天天念叨着：“我长大了，我要上幼儿园了。”

你觉得晶晶妈妈的这些话里都包括了哪些内容，起到了什么作用？如果有家长向你询问如何让幼儿愿意上幼儿园，你会怎样和他说呢？

学习任务单

学习目标	1. 理解幼儿园对幼儿发展的重要意义。 2. 指导家长做好自身心理建设。 3. 指导家长向幼儿传递在幼儿园生活和学习的积极暗示。 4. 指导家长帮助幼儿建立适应幼儿园的信心。
学习要点	1. 理解集体生活对幼儿发展的综合深远影响。 2. 指导家长掌握具体的入园心理准备的方法。
学习时数	1 课时
学习建议	学习前：调研入园过程中幼儿出现的典型表现和家长的担心与困惑。 学习中：结合本书中介绍的方法，思考家长在幼儿入园准备时的做法哪些是科学、有效的？ 学习后：能够为家长解答困惑，指导家长有效地做好自身和幼儿的心理建设。
学习运用	在培训和与家长沟通时，以及在具体的托育工作中都可以使用。
学习反思	学习本内容之前，你对幼儿入园准备是如何理解的？学习之后，你有哪些新的启发？

一、集体生活对幼儿发展的重要意义

（一）指导家长理解入园是幼儿社会化的第一步 >>>>>>>>>>>>

在专题一中我们看到的“狼孩”的案例，她们从小由狼抚养，长期脱离人类社会环境，因此她们不会讲人类的语言，无法和人类交往，也无法正常地在人类社会中生存和生活，这就是没有社会化的结果。幼儿园是学校与家之间的桥梁，又是幼儿与社会接轨的中转站。入园则是幼儿作为独立个体走出家门、融入社会的起点，是幼儿以自然人的身份开始社会化的第一步。

> **扩展资料**
>
> 《3—6 岁儿童学习与发展指南》指出，3～4 岁幼儿能在较热或较冷的户外环境中活动，换新环境时情绪能较快稳定，睡眠、饮食基本正常，在帮助下能较快适应集体生活。

1. 帮助幼儿适应生活环境转变

在家庭环境中，幼儿熟悉家里的物品的摆放和布置情况，知道家中卫生间、卧室、客厅等的布局，了解自己的小床、被褥、玩具等物品所在的位置。与家庭环境不同，幼儿园占地面积较大，区域功能设置较多，有多种大小不同的区域，如游戏区和教学区等，物品或设施的种类较多，如书架、滑梯等，幼儿要学会适应新的环境和生活。

2. 帮助幼儿适应人际关系转变

在家里的时候，幼儿一般是和自己的父母、长辈待在一起。在家庭这一小社会中，家人都会尽量满足幼儿所有的要求，家庭成员积极地适应孩子；到了幼儿园，情况发生改变，幼儿离开了自己熟悉的环境，没有父母、没有爷爷奶奶、没有外公外婆，见到的是陌生的教师，以及一群与自己年龄一样大的伙伴。

3. 帮助幼儿适应生活方式转变

在家里的时候，父母总会觉得幼儿年龄较小，能力不足，倾向于帮他们做一些事情，如穿衣服、系鞋带、梳头发等。幼儿会非常依赖于父母无微不至的照顾，养成“衣来伸手，饭来张口”的习惯。在幼儿园，教师无暇顾及所有幼儿的生活细节，必须培养幼儿的生活技能，包括生活自理能力、日常生活知识、生活适应技能等。幼儿需要完成自己穿衣、吃饭等事情。

练一练

1. 调研家长对孩子入园的担心，主要表现在哪些方面？
2. 对家长担心的问题进行排序。

（二）指导家长理解幼儿园对幼儿发展的综合促进作用 >>>>>>>

指导家长认识到幼儿园在促进幼儿的身体发展、认知发展、良好习惯形成和个性发展等方面具有重要的作用，具体表现在以下几方面。

1. 促进幼儿的身体发展

幼儿的身体发育速度较快。幼儿园能通过科学、合理地安排生活，培养幼儿良好的生活习惯、卫生习惯，通过平衡膳食、加强体育锻炼等措施，促进幼儿身体和机能的协调发展，为幼儿奠定良好的身体素质和心理素质基础。

2. 促进幼儿的认知发展

此阶段的幼儿具有巨大的学习潜力和发展潜力。家庭环境和家庭生活对于充满好奇心与求知欲的幼儿来说是远远不够的。在幼儿园，教师能通过丰富的游戏和其他多种活动，让幼儿在自由探索中体验学习的兴趣和发现自己擅长的活动领域，激发他们的学习动机，这将对幼儿的认知发展和终身学习产生重大影响。

3. 促进幼儿良好习惯形成和个性发展

幼儿园对幼儿个性发展具有非常重要的意义。幼儿园注重营造良好的心理环境，让幼儿在有安全感的环境中生活；幼儿园也非常重视幼儿饮食习惯、行为习惯等的培养；幼儿与教师、同伴的交往，能够更好地促进幼儿的个性发展。

小知识

个性是指个体在先天与后天各种因素相互作用下形成的相对稳定和独特的心理行为模式。

二、家长要做好幼儿入园的心理准备

帮助幼儿入园适应是一项长期的、系统的工作。幼儿入园的心理准备是家长首先要做的事情。

（一）指导家长先做好自身的心理建设 >>>>>>>>>>>>>>>>>>

典型案例

乐乐快 3 岁半了，刚刚上幼儿园。开学已经一周了，父母觉得每天送他去幼儿园都是一场“战斗”。在门口乐乐抱住妈妈不松手，号啕大哭，怎么哄也没用。明明前一天在家说得好好的，但一到家长要走的时候，乐乐的情绪就失控了。教师反馈乐乐总是闷闷不乐，参加活动时也不积极。妈妈特别担心，想着每周先送孩子去 2 天？但是看到其他孩子每天都坚持去幼儿园，也很矛盾。

想一想：乐乐的表现典型吗？你对乐乐妈妈有什么建议？

家长是孩子的榜样，家长的心理状态会影响孩子能否尽早地适应幼儿园。因此，帮助幼儿入园适应最首要的事项是家长自身要进行心理建设，做好充分的心理准备。家长具体可以从以下方面做好幼儿入园的心理准备。

首先，父母包括全体家庭成员都要意识到入园对孩子的重要意义和影响。家长要坚持每天送孩子去，而不是“可上可不上”或“天气好就去，天气不好就不去”这样三天打鱼两天晒网的心态，这样更让孩子有了不去的借口，不利于孩子适应幼儿园的生活。

其次，家长需要认识到孩子刚上幼儿园的时候出现不适应的情况是正常的。孩子和父母第一次正式分离，对陌生环境有抵触，难免会出现哭闹的情况，不要将此小题大做，过分心疼孩子。如果家长过分担忧、焦虑不安，甚至去幼儿园的窗户上偷偷看孩子，会使得孩子混淆家庭和幼儿园的界限，增加孩子的不安全感。

最后，家长应该提前了解幼儿园的一日作息时间等基本信息，为孩子进入幼儿园提前做好充足的准备，同时相信教师的专业能力和孩子的自我调整能力。在家长和教师的帮助下，孩子肯定会顺利地适应。

知识链接

分离焦虑是儿童在和照料者分开时出现的一种焦虑体验。不同儿童分离焦虑的程度和表现形式各不相同。有的儿童可能表现为情绪行为的爆发，如哭闹、踢打他人、摔东西等；有的儿童表现出回避行为，如回避和教师、小朋友的交流，拒绝参加活动；或者表现出躯体不适的症状，如头痛、肚子疼等；有的儿童还会出现睡眠问题，如入睡困难、噩梦等。八九个月到 7 岁的儿童都可能出现，3 岁左右比较常见。

实践应用

调研在幼儿入园前的 1 个月，家长的焦虑程度。

	有点焦虑	比较焦虑	特别焦虑
家长 1			
家长 2			
家长 3			
家长 4			
家长 5			
家长 *n*			

（二）指导家长给幼儿关于幼儿园的积极暗示 >>>>>>>>>>>>>>>

由于幼儿年龄较小，活动范围有限，认知水平有限，容易受环境和他人的影响，而且幼儿在入园之前，并不知道幼儿园是什么样的，也不知道他们要在幼儿园参与什么活动，这种陌生感会让幼儿对幼儿园进行天马行空的想象，其中不乏一些危险、恐怖内容的想象。此时，家长在给幼儿介绍幼儿园时的态度、行为和言语，将会影响幼儿园在幼儿头脑中的形象。

首先，家长在和孩子互动的时候，要经常告诉孩子幼儿园的好处，让他们了解将来进入幼儿园之后可能会遇到哪些好玩的事情，激发孩子对于幼儿园的好奇心，帮助他们建立起对幼儿园生活的美好想象和期待。例如，家长和孩子一起读相关的绘本，告诉他们幼儿园有很多绘本和玩具，还有很大的滑梯，可以和很多小朋友去一起玩耍，还可以和小朋友一起唱歌跳舞，等等。

练一练

1. 检索与查阅市面上的儿童绘本，有哪些好的绘本（如《我爱幼儿园》等）可以推荐给家长，便于家长指导孩子为入园做好心理准备。

2. 列出绘本的清单，与同学们互相交流推荐这些绘本的理由。

其次，家长要避免一些不当的做法。例如，在孩子哭闹、任性的时候，家长想要吓唬孩子，就生气地说："我管不了你了，明天就把你送幼儿园去，让那里的老师管教你。"这样的话语会给孩子带来消极的心理暗示，让孩子产生"幼儿园的老师很严厉""幼儿园是不听话的孩子才去的""去了幼儿园，爸爸妈妈就不要我了"等消极想法，增加孩子入园的恐惧心理。

最后，除了通过言语沟通进行积极的心理暗示外，家长还可以提前一段时间带孩子去附近的幼儿园进行实地考察，带着孩子看看里面的小朋友都在做什么，听一听大哥哥、大姐姐的评价，等等。

实践应用

对将要入园的幼儿家长进行调研，了解他们是如何给孩子积极的入园心理暗示的？

1. 语言方面：

2. 活动方面：

（三）指导家长帮助幼儿建立适应幼儿园的自信心 >>>>>>>>>>>

如果家长能够允许孩子按自己的方式去做力所能及的事情，那么孩子在入园前会对自己有自信，并且愿意自主地完成很多事情，这对于孩子更好的入园适应非常重要，具体来说，家长可以采用以下方法。

首先，家长要鼓励孩子去探索。在适度地引导和保护下，让孩子能够努力凭借自己的能力去解决问题。当孩子遇到一些小困难的时候，家长既不能批评孩子能力不足，如“你真笨”，这样的说法会打击孩子的积极性；也不能忽视孩子解决问题的能力，如“你别做了，我来吧”，这样直接帮忙的做法会让孩子形成事事依赖父母的心理。家长应该鼓励孩子“再想一想其他方法”“再试一试，这次肯定能做好”，让孩子学会稍加努力和思考，拓展自己解决问题的思路和方法。

其次，家长应该在日常生活中为孩子提供做一些力所能及的小事的机会，让孩子体验成功的成就感和喜悦感，如让孩子帮忙拿东西、让孩子决定购买什么玩具或图书等。

最后，给孩子及时的反馈。当孩子完成家长布置的小任务的时候，家长可以先描述孩子完成的具体行为，然后给予积极的肯定，对孩子说“你做的事情真是帮了妈妈的忙”，或者拍拍他的肩膀，对他竖起大拇指。这样不仅使孩子体验到自己独立做事的快乐，而且能够产生满足、被信赖的情感体验。

当孩子没有完成家长布置的小任务的时候，家长要对他们付出的努力给予积极的鼓励：“这对你来说有点难，下次再遇到这样的事情，我们就能做得更好。”这样不仅能够安慰孩子的情绪，而且能够帮助孩子学会应对挫折处境，保持积极向上的心态。

小知识

埃里克森个体心理发展八阶段理论指出，1～3岁是婴幼儿发展过程中的自主对羞怯阶段，这一阶段的基本任务是发展自主性。婴幼儿为了实现自己的想法，开始最基本的独立性探索，尝试独立处理事情。

扫码学习
“培养婴幼儿的自主性”

思考与练习

1. 幼儿园教育对幼儿发展的意义和作用有哪些？
2. 什么是分离焦虑？主要表现是什么？
3. 1～3 岁幼儿处于埃里克森个体心理发展八阶段中的哪个阶段？
4. 孩子入园前，家长如何做好自身的心理建设？
5. 家长如何向孩子传递关于幼儿园的积极暗示？
6. 家长如何有效培养孩子入园的自信心？

学习任务 8.2 指导家长帮助幼儿做好入园的生活和行为准备

今年，梅梅被爸爸妈妈送入了幼儿园。原本活泼可爱的她，一走到幼儿园门口就哭闹不已。因为与家长的分离以及对陌生环境的害怕，梅梅产生了紧张、恐慌、不安等不良情绪，甚至会出现睡觉减少、饭量减少、打人等现象。

老师也对梅梅的家长说孩子在幼儿园里不会一些基本的技能，如不会自己拿勺子，午睡的时候也总是说话，因为不会脱裤子，有时候不去厕所。妈妈知道后更加担忧和焦虑，不知道该如何是好……如果梅梅的妈妈向你咨询，你怎样向她解释孩子的表现以及给她什么建议？

学习任务单

学习目标	1. 理解幼儿入园前生活准备的重要性。 2. 理解幼儿入园前行为准备的重要性。 3. 指导家长掌握帮助孩子做好生活准备和行为准备的方法。
学习要点	1. 幼儿入园前生活准备和行为准备的具体含义。 2. 能够指导家长掌握具体的操作方法。
学习时数	1 课时
学习建议	学习前：调研孩子在刚入幼儿园时表现出的生活和行为方面的适应情况。 学习中：结合本书给出的建议，思考家长的哪些做法是有效的？哪些做法需要改进？ 学习后：能够指导家长提前为孩子入园做好生活准备和行为准备。
学习运用	在培训和与家长沟通时，以及在具体的托育工作中都可以使用。
学习反思	学习本内容前，你对幼儿入园前的生活准备和行为准备是如何理解的？学习之后，对你指导家长有哪些具体的帮助？

一、帮助幼儿做好生活方面的准备

为了孩子更好地适应幼儿园生活，家长需要帮助孩子准备必备的生活物品，并且教孩子学会必备的生活技能。

（一）帮助孩子准备必备的生活物品 >>>>>>>>>>>>>>>>>>>>>

首先，为孩子准备好上幼儿园时用的小书包，在小书包里准备好在幼儿园里需要用到的物品，让孩子平时多背着小书包出去玩耍，也让周边的人多夸赞孩子背着书包多么精神，让孩子体验背着书包进入幼儿园的自豪感。

其次，为孩子多准备一些舒适、穿脱简单的衣服，舒适的衣服有利于孩子开展活动，穿脱简单的衣服便于孩子更换。最好在衣物上缝上孩子的名字或独特的标记，便于孩子找到自己的衣物。

最后，刚入园的孩子会情不自禁地想起他在家里生活的场景。在幼儿园允许的条件下，家长可以在孩子入园的时候，让孩子带上他自己喜欢的玩具或玩偶。在离开亲人的陌生环境中，孩子喜欢的玩具或玩偶可以给孩子带来安全感，缓解入园焦虑。

> **知识链接**
>
> 婴幼儿对物品的依恋一般出现在1岁左右。多数婴幼儿会把自己经常使用的物品，如小毛毯、小被子、毛绒玩具、小手绢等作为依恋物。柔软的物品会让婴幼儿感觉舒适和温暖，更重要的是，这些依恋物能给婴幼儿安全感，减少与妈妈分开时的焦虑与恐惧。依恋物上熟悉的气味和触感，能够安抚婴幼儿内心的焦虑和不安。

（二）教孩子掌握必备的生活技能 >>>>>>>>>>>>>>>>>>>>>>

1. 训练孩子自己吃饭、喝水

从孩子1岁多开始，家长就可以开始训练他用勺子吃饭，教孩子正确地握勺和进餐的方法。

同时家长要训练孩子用小碗进食，还要教会孩子向教师表达“饭不够，还要”等需求。

虽然大部分幼儿园都有单独的饮水时间，但是在家里的时候，有的家长担心孩子贪玩忘记喝水，进而追着孩子喂水，因此孩子没有养成主动喝水的意识和习惯。因此，在入园之前，家长可以帮助孩子养成主动喝水的习惯，让他们了解到自己想要喝水的时间、节奏，并且鼓励他们用语言表达出来。

> **知识链接**
>
> 饮食习惯的培养是婴幼儿要形成的一个重要的生活习惯，具体训练方法参考本书专题六学习任务6.1中的内容。

2. 教孩子学会自己大小便

在幼儿园，老师是不可能立刻关注到孩子每一个细微的非语言表达。

因此，家长需要平时注意观察孩子大小便的规律，培养他们养成定时大小便的习惯。

家长在孩子入园前重点教会他们说“我要小便，我要大便”这样的话，告诉他们有了尿意、便意时一定及时说出来，不要等到憋不住了才说，免得弄脏裤子。尿裤子的次数多了，会让孩子有挫败感。

> **知识链接**
>
> 如厕训练也是婴幼儿时期要培养的一个重要的生活习惯，具体训练方法参考本书专题六学习任务6.3中的内容。

3. 教孩子学会穿脱衣服

在幼儿园里，穿脱衣服对孩子提出了较高的要求，因此在孩子进入幼儿园之前，家长要教他们学会穿脱衣物。

首先，指导孩子从易到难地练习。通常脱衣服比穿衣服要容易，家长可以先从教孩子练习脱衣服着手，之后再教孩子如何穿衣服。

其次，平时可以让孩子给玩偶穿脱衣服，让他们熟悉衣服的前后、正反；也可以通过儿歌、表演的方式，使穿脱衣服变成一种有趣的游戏。

（三）调整孩子的作息时间 >>>>>>>>>>>>>>>>>>>>>>>>>>>>>>

在家里的时候，孩子的作息时间不是很有规律。有些孩子还容易养成需要大人抱着、哄着才能入睡和吃饭的不良习惯。但幼儿园的作息时间比较固定和有规律，在固定的时间玩耍、固定的时间吃饭、固定的时间睡觉，对于之前养成不良生活习惯的孩子来说可能很难适应。

因此，在进入幼儿园之前，家长就需要按照其作息制度来安排孩子的作息时间，如早上 7 点起床、12～14 点午睡、5 点吃晚饭等，让孩子养成早起早睡、按时进餐、按时玩耍的习惯，这样孩子在入园后会较快地适应幼儿园的生活节奏。

实践应用

1. 调研 2～3 岁婴幼儿的家长，了解他们在孩子入园生活准备方面具体做了哪些事情？

2. 对家长帮助孩子做好入园生活准备的情况进行排序，家长做得最多和最少的分别是什么？

二、帮助幼儿做好行为方面的准备

在进入幼儿园之前，家长要结合日常生活培养孩子良好的行为习惯，包括遵守规则，耐心、专注，与人交往的能力等，帮助孩子更好地适应幼儿园生活。

（一）培养孩子具有遵守规则的意识和能力 >>>>>>>>>>>>>>>>

幼儿园有一些基本的规则，家长可以帮助孩子在入园前掌握基本的技能。

首先，要让孩子体验规则的意义。家长可以在生活、游戏中让幼儿感受到因无序、混乱而引起的不便，感受有序活动带来的快乐。在反复体验中让孩子学会做出正确的选择，从而让他们获得“在什么时候做什么、不能做什么”的认知和体验，意识到规则的重要性，培养他们的规则意识。

其次，在家庭中与孩子共同设定简单明了的规则并坚持遵守。家长可以从日常行为中的点滴开始，基于培养孩子形成良好的生活习惯，与孩子商量制定可执行的规则，如玩完玩具后要自己收拾、到了饭点要按时吃饭等。孩子遵守规则后会得到家长的奖励，以此帮助孩子逐步养成良好的行为规范，并在反复的实践中得到强化。

想一想

牛牛马上要上幼儿园了，但是妈妈却一点也不教给孩子一些基本规则，孩子想做什么做什么，还说“到了幼儿园，有老师呢，家长不用管”。牛牛妈妈这样的想法普遍吗？你会给她什么建议？

（二）培养孩子耐心、专注的习惯 >>>>>>>>>>>>>>>>>>>>>>

首先，家长要理解处于婴幼儿阶段的孩子很容易受外界因素干扰。因此，孩子会出现边吃饭边玩，听故事听到一半就不耐烦，玩玩具的时候频繁更换玩具等现象。

其次，家长应该为孩子创设安静的、固定的活动环境。例如，为孩子设立一个专属于他自己的活动空间，每次活动或玩耍时都要在这个地方进行，每次进行固定时长的活动。此时，家长要以身作则，不要走来走去，更不要随意打断孩子的活动，减少干扰，让孩子能够在当前的活动中集中注意力，并逐渐延长注意时间。

最后，儿童的注意力正在发展过程中，不像成人一样能在同一时间做几件事情，因此家长在日常生活中，应该让孩子一次只做一件事情，不要给孩子买过多的玩具和书，不要在孩子玩耍的时候开着电视机，选择太多反而会让孩子分散注意，陷入选择困境，导致孩子一会儿想要玩这个玩具，一会儿想要玩那个玩具，一会儿想玩玩具，一会儿想要看电视。

小知识

注意分配是指在同一时间内，把注意指向不同的对象，同时从事几种不同活动的现象。边听讲边做笔记、自拉自唱等都是注意分配的例子。注意分配是有条件的，需要训练和培养。

扫码学习
"培养婴幼儿的专注力"

练一练

家长在孩子专心做事情的时候，多长时间会打断孩子？孩子有什么反应？

（三）培养孩子与人交往的能力 >>>>>>>>>>>>>>>>>>>>>>

进入幼儿园之后，孩子会接触到不同的教师和同伴，因此，在进入幼儿园之前，家长要教会孩子与人友好交往的技能和方法。

第一，家长可以尽量创造条件扩大孩子的人际圈子，积极鼓励孩子与他人交往，让孩子体验与人交往的感觉。家长可以利用节假日与其他有孩子的家庭组队去郊游，在游玩的过程中趁机可以教孩子一些和周围小伙伴成为朋友的方法，如正确地称呼对方，与同龄孩子分享玩具、食物等。

第二，有些家长担心孩子和其他小朋友会发生冲突或者被其他小朋友欺负，就特别地保护自己的孩子。家长正好可以趁小朋友之间出现矛盾时疏导孩子的情绪，教会孩子正确地处理交往过程中遇到的各种问题，并让孩子在不断与人交往的过程中进行练习，培养孩子自信、独立、开朗的性格特征，使他们在未来社会中更好地与人合作、交往。

思考与练习

1. 为了孩子更好地适应幼儿园生活，家长应该做好哪些准备？

2. “你再闹、不听话的话，我就把你送幼儿园去，那里的老师可厉害了，有办法收拾你！”家长的这种做法对吗？为什么？

3. 有些家长认为孩子在幼儿园受到了“束缚”，在家就应该“放任自流”，这样的想法正确吗？为什么？

4. “让孩子自己做事浪费时间，有时孩子还会把事情弄得乱七八糟，还不如自己来。”家长这样的想法是正确的吗？为什么？

5. 孩子在入园前，家长应该帮助他们做好哪些具体的生活方面的准备？

6. 孩子入园前要掌握的必备的生活技能有哪些？

7. 家长如何帮助孩子在入园前做好具体的行为准备？

专题小结

本专题我们讨论了进入幼儿园对幼儿的重要意义和影响，入园不仅是幼儿社会化的第一步，而且科学系统的教育能够促进幼儿的身体发展、认知发展和个性发展；面对幼儿进入幼儿园生活后出现的适应性问题，可以指导家长从心理方面、生活方面和行为方面帮助自己的孩子更快更好地适应。

学习评价与反思

学完这个专题，你在理解指导家长帮助孩子更好地入园适应方面有哪些新的思考和收获？请完成以下表格。

自我评价，从 1 到 5 代表你对本专题理解或掌握的程度越来越好，根据你的学习情况在相应的数字下打“√”。

	1	2	3	4	5
知识					
技能					
新启发					

专题九
婴幼儿的兴趣启蒙

小桃今年2岁半了，开朗、活泼、惹人爱，小桃的妈妈却发了愁。看着别人家的孩子都报名参加了各类令人眼花缭乱的早教兴趣班——钢琴、绘画、舞蹈、围棋、科技、国学等，而小桃却还没有展露出来她自己的特长。“该不该给孩子报兴趣班呢？该怎样做才能科学地启蒙与发展孩子的兴趣呢？”小桃的妈妈焦虑不已……好不容易选了几个兴趣班，但是小桃都没有坚持多久就说自己不喜欢了，妈妈又开始担心。

后来，妈妈听了几个专业的讲座后，觉得自己对孩子的兴趣启蒙有一些误解，以为只有把孩子送到外面的兴趣班才算是启蒙，其实，在家里、在生活中有更多的机会。

>> 学习目标

1. 了解兴趣启蒙对于婴幼儿发展的重要意义。
2. 掌握婴幼儿兴趣启蒙的家庭指导方法。

>> 学习初体验

找几位0～3岁婴幼儿的家长进行访谈：你对婴幼儿的兴趣启蒙是如何理解的？围绕着婴幼儿的兴趣启蒙，你做了哪些准备？

>> 学习交流

和其他人交流一下你的调查结果。

____

____

>> 知识框架图

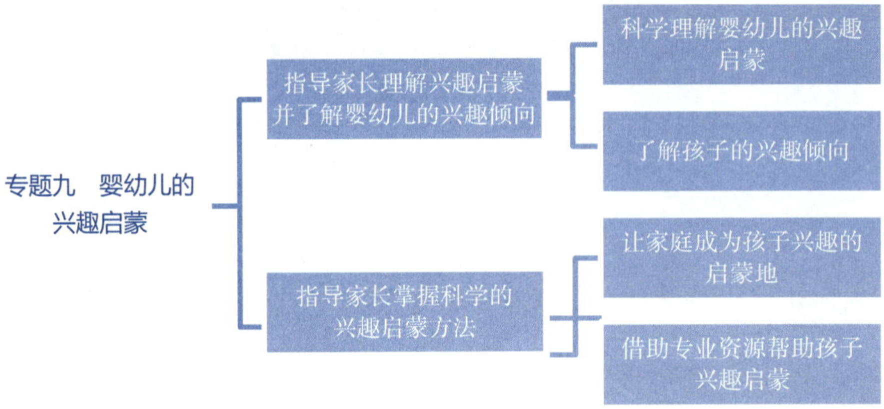

学习任务 9.1
指导家长理解兴趣启蒙并了解婴幼儿的兴趣倾向

小超今年1周岁了，他的爸爸妈妈除了为他举办了生日宴会之外，还举行了“抓周”仪式，在他面前摆放了很多物品，让他自由抓取。爸爸妈妈相信可以根据孩子最先抓的物品来预测他将来的兴趣、爱好以及将来可能从事的职业。比如，如果孩子先抓了文具，预示着他可能善于写作或者绘画；如果先抓了算盘，预示着他可能善于计算和理财。

这种方法真的可行吗？家长如何了解孩子的兴趣倾向？如何在家庭教育中对孩子进行兴趣启蒙？相信这些也是很多家长的困惑，你会如何回答他们呢？

学习任务单

项目	
学习目标	1. 理解兴趣启蒙对婴幼儿发展的重要影响。 2. 了解婴幼儿兴趣发展的特点。 3. 掌握并指导家长了解孩子兴趣倾向的方法。
学习要点	1. 兴趣启蒙的重要意义。 2. 能够指导家长掌握科学地了解孩子兴趣倾向的方法。
学习时数	1 课时
学习建议	学习前：了解家长对孩子兴趣启蒙的想法和做法，并进行描述。 学习中：结合本书给出的内容，思考家长在了解孩子兴趣方面的做法哪些是合理的？ 学习后：能够指导家长对兴趣启蒙有合理的理解，并指导家长掌握有效地了解孩子兴趣倾向的方法。
学习运用	在培训和与家长沟通时，以及在具体的托育工作中都可以使用。
学习反思	本部分学习内容与你之前理解的婴幼儿兴趣启蒙有差别吗？具体表现在哪些方面？

一、科学理解婴幼儿的兴趣启蒙

（一）婴幼儿阶段是兴趣启蒙的重要时期 >>>>>>>>>>>>>>>>>>

从个体的成长发展来看，婴幼儿的大脑发展迅速。因此婴幼儿时期是情感、语言和身体动作等方面发展的敏感期，是婴幼儿发展各项能力的最佳时机。蒙台梭利指出，婴幼儿会经历手口敏感期、语言敏感期、对细微事物感兴趣的敏感期、感官敏感期、秩序敏感期、动作敏感期、社会规范敏感期、阅读敏感期。家长如果能够积极利用敏感期培养孩子的兴趣，就能够顺势而为，促进孩子的发展。

小知识

兴趣是个人力求接近、探索某种事物和从事某种活动的态度与倾向，亦称“爱好”，是个性倾向性的一种表现形式。兴趣在人的心理行为中具有重要作用。一个人对某事物感兴趣时，便对它产生特别的注意，对该事物观察敏锐、记忆牢固、思维活跃、情感深厚。

扫码学习
“促进婴幼儿的兴趣发展”

（二）兴趣启蒙对婴幼儿发展具有重要意义 >>>>>>>>>>>>>>>>

1. 兴趣启蒙能够促进婴幼儿身体动作发展

婴幼儿在艺术类或体育类的活动中，在学习动作和练习动作的过程中呼吸加快、心跳加速，神经系统与循环系统也都在积极发挥作用，这些活动可以促进婴幼儿的骨骼、肌肉、呼吸、神经系统等方面生理机能的发育，加快幼儿新陈代谢，使其肌体和骨骼不断生长发育。另外，在提升手、腿等部位的灵活性，发展幼儿动作的协调性和节奏感，控制自己的身体方面也有更多的练习机会。

2. 兴趣启蒙能够促进婴幼儿认知和语言发展

婴幼儿感受性较强，对新鲜事物较为好奇。家长对孩子进行兴趣启蒙能够促进他们在注意、记忆、想象等认知方面的发展。比如，美术方面的兴趣启蒙能够引导孩子仔细观察事物和环境，促进孩子观察力的发展；同时，以涂鸦的方式将脑海中的事物表现出来，有助于发挥孩子的想象力；在给家长介绍自己作品的过程中，也促进了孩子语言能力的发展。

3. 兴趣启蒙能够促进婴幼儿情绪和社会性发展

家庭中的兴趣启蒙更多的是孩子与家长之间的亲密接触和情感交流。在这个过程中，婴幼儿产生兴奋、愉快与满足等积极情绪。比如，扔球、躲猫猫、举高高等亲子游戏常常逗得婴幼儿大笑。父母对孩子在兴趣启蒙过程中的优秀表现给予鼓励和表扬，更加有利于婴幼儿积极、健康情绪的培养，以及自信、坚强、勇于探索性格的形成。

二、了解孩子的兴趣倾向

想一想

莎莎 2 岁多了，最近开始对很多事情感兴趣，听到音乐就左摇右摆，看到画笔就兴奋地到处画，能画很长时间，看到足球滚起来就跑着追。妈妈很高兴，觉得自己的孩子什么都很喜欢，太好了！但是过了一阵儿，妈妈发现莎莎变了，对原来喜欢的不那么喜欢了，刚画画不一会儿就想干别的了。

你觉得莎莎这种表现正常吗？

（一）指导家长了解孩子兴趣发展的特点 >>>>>>>>>>>>>>>>

1. 了解婴幼儿兴趣发展的一般特点

婴幼儿的兴趣具有广泛性。婴幼儿对未知的事物和环境具有强烈的好奇心，是“行走版的十万个为什么”，对动物、花草树木、风雨雷电等都感兴趣，都想去看一看、摸一摸、尝一尝。

婴幼儿的兴趣具有浅显性。婴幼儿更多通过直观、形象的方式认识事物。他们的兴趣往往基于事物或环境多彩绚烂的颜色、奇形怪状的外形而产生，不涉及事物的内涵或者意义，因此兴趣的内容比较浅显。

婴幼儿的兴趣具有不稳定性。婴幼儿对某一事物兴趣的持续时间长短不一。如果引起他们兴趣的事物的特点消失，他们的兴趣就会随之消失。如果婴幼儿在探索事物或参与活动的过程中遭受挫折和批评，他们的兴趣也会消失。

2. 家长要尊重孩子兴趣的独特性和个体差异性

婴幼儿的发展是一个整体，家长在进行兴趣启蒙的时候要减少“望子成龙，望女成凤”的急切心，避免片面地、功利地追求某一方面或几方面的发展，不要单纯追求知识技能的学习，而要关注幼儿情感、认知、社会性等方面的综合发展，注重孩子积极品质的培养，这些对于孩子未来终身学习和发展是非常必要的。

另外，婴幼儿在兴趣倾向和具体表现方面也有个体差异性，家长在对孩子进行兴趣启蒙的时候要尊重孩子的个体差异性和他们自己的想法。既不能把自己的愿望和兴趣强加在孩子身上，也不能盲目从众和攀比。同时，家长也要发挥引导作用，在孩子独特的兴趣、爱好的基础上，因材施教地为他们识别和选择有意义的学习经验，并采用合适的方法进行启蒙。

（二）指导家长科学地了解孩子的兴趣倾向 >>>>>>>>>>>>>>>>

只有科学、全面地了解孩子的兴趣倾向，才能更好地因材施教，为孩子量身定制教育培养方案——发扬孩子的优势潜能，帮助孩子建立学习的自我效能感。

第一，生活观察法。孩子虽然语言表达能力还不是很强，但能够通过表情、眼神、声音、姿势、身体动作等来展示自己。家长可以利用和孩子经常在一起的机会，仔细观察在什么场景中孩子很兴奋、很愉快，反应速度也很迅速、不拖拉，也容易坚持、不觉得累等。

观察工具

家长可以在生活中观察孩子对不同场景的反应，并进行简单记录。

	情绪是否愉快	是否专注，反应迅速	是否能坚持
场景 1			
场景 2			
……			
场景 n			

第二，提问对话法。如果孩子比较小，家长就可以通过提问的方式了解孩子的兴趣倾向和想法。例如，“你喜欢画画吗？”“还想再听一会儿音乐吗？”年龄较小的孩子可以用点头、摇头或身体姿态和表情等回应，年龄大点的孩子可以用语言直接表达自己的想法。

第三，观察评估法。由于婴幼儿年龄较小，无法通过自评的方法参与相关兴趣倾向的测验，因此可以采用家长角度的他人评价测验的方法，如美国耶鲁大学罗伯特·斯腾伯格博士研究出来的“孩子潜能自查表”，帮助家长核对孩子在日常生活中的行为表现，来了解孩子的兴趣倾向。

“孩子潜能自查表”的主要内容如下，见表 9-1。

表 9-1 孩子潜能自查表

序号	日常行为表现
1	他在背诗和背有韵律的句子时很出色。
2	他非常注意你在愁闷或高兴时的情绪变化，并做出反应。
3	他常会问一些诸如“时间从什么时候开始”“为什么小行星不会撞到地球”等问题。
4	凡是他走过一遍的地方，他很少迷路。
5	他走路姿势很协调，并且会随着音乐做优美的动作。
6	他唱歌时音阶很准。
7	他经常问类似“打雷、闪电和下雨是怎么回事”这样的问题。
8	你如果用词用错了，他会去纠正。
9	他很早就学会系鞋带或骑车。
10	他特别喜欢扮演角色或自己编出剧情。
11	出外旅行时，他能记住沿途的标识，并且说：“我们之前到过这里。”
12	他喜欢听各种乐器，并且能够辨别它们的声音。
13	孩子画地图画得很好，并且路线清晰。
14	他善于模仿各种身体动作及面部表情。
15	他善于把各种杂乱无章的东西按规律分类。
16	他善于把动作和情感联系起来。例如，他会说：“我们做这件事情时兴高采烈。”
17	他讲故事很精彩。
18	他会对不同的声音发表评论。
19	他常会说某某像某某。
20	对别人能完成和不能完成的事，他能做出准确的评价。

家长可以对照下面的自查结果来了解孩子可能存在的兴趣倾向。需要注意的是孩子表现出来的兴趣倾向并不是单一的，可以是多方面的，家长需要进行综合的引导，不要将孩子的天赋发展长期限定在某一个兴趣中。

☆ [1，8，17] 项表现突出，表示孩子在语言方面表现出良好的兴趣和潜能。家长可以多给孩子讲故事，为孩子提供充足的绘本等阅读书籍。

☆ [2，10，19] 项表现突出，表示孩子在人际交往方面表现出良好的兴趣和潜能，家长可以带孩子多接触陌生的环境、接触陌生人，提高孩子的人际交往能力。

☆ [3，7，15] 项表现突出，表示孩子在数学、逻辑方面表现出良好的兴趣和潜能，家长可以多让孩子参与逻辑训练游戏，并同时注意培养孩子良好的注意力。

☆ [4，11，13] 项表现突出，表示孩子在空间位置方面表现出良好的兴趣和潜能，家长可以多带孩子出门远行，多参与拼图、机械组装等游戏。

☆ [5，9，14] 项表现突出，表示孩子在身体动觉方面表现出良好的兴趣和潜能，可以多让孩子学习舞蹈、体育方面的内容。

☆ [6，12，18] 项表现突出，表示孩子在音乐方面表现出良好的兴趣和潜能，家长可以引导孩子学习唱歌、弹奏乐器等方面的内容。

☆ [10，16，20] 项表现突出，表示孩子在自我认识方面表现出良好的兴趣和潜能，家长可以鼓励孩子多表达对于事物的独特看法。

思考与练习

1. 兴趣启蒙对婴幼儿发展的意义是什么？
2. 婴幼儿兴趣发展的一般特点是什么？
3. 家长给孩子报兴趣班时往往考虑家长自己未完成的理想，自己小时候想学习钢琴，就给孩子报钢琴兴趣班，这样的做法对吗？
4. “兴趣启蒙很简单，给孩子买一套百科全书或者在手机上下载几个早教应用程序就够了。”这样的观点正确吗？
5. “孩子什么都不懂，也不需要启蒙。”这样的想法对吗？
6. “别人家的孩子学什么，自己家的孩子就照着来。”这样的做法对吗？
7. 家长了解孩子的兴趣倾向的方法有哪些？

学习任务 9.2
指导家长掌握科学的兴趣启蒙方法

小桃子的妈妈虽然出于从众心理给孩子报了不少艺术类的兴趣学习班，如舞蹈、钢琴、国画，可是她却高兴不起来，因为她的内心仍旧存在疑惑——“孩子好像对这些都不感兴趣，每次去之前都要做半天工作，我自己也不知道孩子到底喜欢什么。另外，孩子这么小就学这些东西有用吗？是否要求孩子考级？长大后孩子一定要从事艺术行业吗？但是如果一个兴趣学习班都不报，别人家的孩子都学了那么多，自己的孩子不能一开始就输了呀！”

小桃子的妈妈也发现有的家长没有给孩子报兴趣班，但是孩子的个性、交往能力、表达能力也都发展得很好，她就向这些妈妈请教，发现生活中有更多兴趣启蒙的机会和方法，也不一定都要报学习班。如果小桃子的妈妈向你咨询，你会给她什么建议呢？

学习任务单

学习目标	1. 指导家长掌握在家庭中进行兴趣启蒙的基本原则，如尊重孩子的特点等。 2. 指导家长掌握在家庭中通过游戏等活动进行兴趣启蒙的方法。 3. 指导家长利用专业资源开展兴趣启蒙。
学习要点	1. 理解开展兴趣启蒙过程中家长应有的态度和期待。 2. 能够指导家长在家庭内、外有效地对孩子进行兴趣启蒙。
学习设备设施	足够大的空间，能够开展兴趣启蒙活动的练习。 开展兴趣启蒙的材料：纸、笔、剪刀等。
学习时数	1 课时
学习建议	学习前：了解家长主要通过什么方式对孩子进行兴趣启蒙。 学习中：结合本书中给出的兴趣启蒙的方法和途径，思考一下家长在哪些方面做得比较有效？ 学习后：能够指导家长使用科学、有效的兴趣启蒙的具体方法。
学习运用	在培训和与家长沟通时，以及在具体的托育工作中都可以使用。
学习反思	学习后，对你掌握在家庭中开展兴趣启蒙的具体做法有帮助吗？

一、让家庭成为孩子兴趣的启蒙地

家庭是孩子兴趣启蒙的重要环境，为了更好地启蒙孩子的兴趣，家长可以使用以下方法。

（一）家长要信任孩子，允许孩子探索

家长要尊重孩子的内在需要和想法，给孩子独立选择的权利和机会。比如，有的孩子还没有对数学产生兴趣，但是家长却出于“为了你好”的想法，忽视孩子的想法和需求，强迫孩子提早学习数学和逻辑思维训练方面的内容，导致孩子可能会对数学产生厌恶心理。

家长可以允许孩子多尝试几种不同的兴趣，让孩子尽情体验和享受自己的兴趣爱好带来的心流体验。如果此时家长对孩子进行批评甚至惩罚，会让孩子产生巨大的挫败感和无助感，他们会为了讨好家长而压抑自己的冲动，导致逐渐失去自己的兴趣爱好。

关键术语

心流体验是指一种人们在专注进行某行为时所表现的心理状态，如艺术家在创作时所表现的心理状态。通常在此状态时，不愿被打扰，是一种将个人精神力完全投注在某种活动上的感觉。心流产生的同时会有高度的兴奋及充实感。

扫码学习
“心流体验”

（二）在游戏中让孩子探索和发展兴趣

游戏是孩子学习的重要途径，家长应当帮助孩子在游戏中体验和发展自己的兴趣。

1. 家长要给予孩子安全、健康的游戏空间

在家庭装修或者布置儿童房的时候就要考虑到空间是否足够敞亮，电源位置是否合适，地面是否防滑，家具是否结实牢固，家具的边角是否过于坚硬，衣柜是否有通风口或安全气孔等因素。

在开展亲子游戏或者让孩子与其他小朋友一起游戏的时候，家长可以为其开

辟一块专门的、较为独立的空间，便于孩子根据游戏的需要采取各种各样的身体姿势等，避免各种家具的边角伤害到孩子的身体。

2. 家长要给予孩子充足的游戏时间

现在很多父母把对孩子的陪伴和教育交给电视、手机。长时间盯着屏幕、身体不运动容易导致孩子眼睛疲劳和干涩，身体抵抗力下降，影响他们的身体健康。因此，家长要让孩子从屏幕中解放出来，多留出一些时间和孩子一起互动，或者邀请其他小朋友到家里一起玩耍，一起扮演商店里的顾客和售货员，一起扮演老师和学生，一起堆积木等，让孩子在游戏中充分探索自己的兴趣。

3. 家长要给予孩子合适、有趣的游戏材料

游戏材料既是婴幼儿开展游戏的支撑和辅助，也能激发婴幼儿在动手操作方面的兴趣。因此，家长要为孩子提供适合其年龄和心理发展的游戏材料，如橡皮泥、积木、拼图等；也可以和孩子一起共同制作游戏材料，如折纸、废物改造等，让孩子体验玩具设计的过程和制作的乐趣。

实践应用

1. 根据上述关于游戏对婴幼儿兴趣启蒙的基本原则，分小组设计游戏。
2. 介绍你们设计的游戏，哪些能够有助于婴幼儿的兴趣启蒙？

（三）在丰富的活动中让孩子体验兴趣 >>>>>>>>>>>>>>>>>>

婴幼儿的生活经验较少，他们往往只对日常社会中经常接触的、熟悉的和感兴趣的物体感兴趣。在真实或者创设的情境中通过亲身体验，获得“体验式学习”的乐趣，才能拓展婴幼儿的认知范围和兴趣范围。

1. 增加生活和劳动方面的兴趣体验

在确保安全的前提下，家长可以让孩子亲自去感受、体验日常家庭生活中的事务，一起交流自己动手做事情的感受和乐趣，增加孩子关于生活和劳动兴趣的体验，引导孩子成为“小小生活家”。例如，家长可以和孩子一起探索厨房内各种调味瓶里的味道、各种厨具的使用方法。随着孩子逐渐长大，家长可以给孩子安排适量的家务劳动。

2. 增加阅读方面的兴趣体验

孩子阅读绘本，理解、欣赏、感受故事中的细节，其中，角色扮演是孩子最感兴趣的阅读方式。家长可以用头饰或其他小玩具做道具，用恰当的表情动作、手势、眼神与孩子一起扮演故事里的角色，激发孩子的兴趣。

3. 增加运动方面的兴趣体验

家长可以基于孩子身体动作的发展程度，引导他们参加不同的体育活动，这样不仅能够促进孩子精细动作的发展，而且能培养孩子运动方面的兴趣爱好。

比如，在孩子 6 个月以后，家长可以把孩子喜欢的玩具放在让他们够不着的地方，吸引孩子参与“爬”的练习；在孩子会走路以后，家长可以和孩子一起玩

“跨越障碍物”“躲猫猫”的游戏；在孩子 1～3 岁的时候，家长可以带孩子去户外，与其他小朋友一起玩滑梯、荡秋千。

4. 增加自然和科学方面的兴趣体验

家长要多带领孩子外出，进入神奇的自然世界中，感受自然界的万千变化和各种神奇的自然现象，激发孩子的好奇心，唤起孩子探求未知的科学的兴趣，允许他们大胆地去探索、观察和思考。比如，家长可以在不同季节带幼儿出去郊游，让幼儿感受日月雨露和自然界四季的变化；可以带孩子参观动物园和植物园，让孩子认识各种动植物，了解动植物的突出特点；可以和孩子一起做趣味科学实验，让孩子在玩中学，在学中玩。

实践应用

1. 调研 0～3 岁婴幼儿的家长在生活中让孩子参与的活动，有哪些类型？

2. 根据书中介绍的对婴幼儿兴趣有启蒙作用的活动，设计几个适合的活动并分享给家长。

二、借助专业资源帮助孩子兴趣启蒙

除了在家中为孩子创造机会体验不同的兴趣之外，家长还可以借助专业机构和资源对孩子进行兴趣启蒙。

（一）借助各类场馆，对孩子进行兴趣启蒙 >>>>>>>>>>>>>>>

科技馆是集科技性、教育性、参与性为一体的综合性场所。有的科技馆还会定期更换主题，开展各种科教活动。婴幼儿可以通过看、听、触摸、摆弄等活动，在动手的过程中动脑，在玩耍的过程中学习，激发兴趣。

还有很多不同类型的博物馆，如艺术博物馆、军事博物馆、建筑博物馆等，有助于婴幼儿了解不同领域，探索自身的兴趣。家长可以定期有选择性地带孩子参观，为孩子埋下兴趣发展的种子。

（二）借助亲子图书馆，对孩子进行兴趣启蒙 >>>>>>>>>>>>>

目前有些城市、社区设置了亲子图书馆，为家长和孩子提供亲子互动的空间，有些还会定期举办各类亲子活动。

家长可以借助亲子图书馆里丰富的图书资源和活动条件，选择一些简单易懂、多图少字的图书，以动植物童话、歌谣、故事为主，讲给孩子听或者一起表演；也可以参加亲子活动，与孩子边阅读边制作故事道具或作品，培养孩子的兴趣。

思考与练习

1. “孩子的兴趣启蒙只能在室内进行。”这样的说法正确吗？
2. 孩子对兴趣仅有三分钟热度，家长应该坚持吗？
3. 在游戏启蒙中，家长要做到什么？
4. 家庭中的哪些活动可以让孩子增加兴趣体验？
5. 兴趣启蒙可利用的场馆资源主要指哪些？
6. 主题讨论：对孩子进行兴趣启蒙，要不要盯着“高大上”的项目？

专题小结

家长要正确理解兴趣启蒙，能够观察并发现孩子的兴趣倾向。在日常生活中对孩子的探索需要保持开放、尊重的态度，可以在家中通过游戏等多样化的活动为孩子提供尝试不同兴趣的机会，帮助孩子积累关于兴趣的体验，同时还可以借助科技馆、博物馆、美术馆、图书馆等专业资源帮助孩子进行兴趣探索。

学习评价与反思

学完这个专题，你在理解婴幼儿兴趣启蒙方面有哪些新的思考和收获？请完成以下表格。

自我评价，从 1 到 5 代表你对本专题理解或掌握的程度越来越好，根据你的学习情况在相应的数字下打“√”。

	1	2	3	4	5
知识					
技能					
新启发					

专题十 不同家庭结构中的婴幼儿养育策略

自从有了孩子之后，小芳一直非常羡慕和公公婆婆住在一起的小玲。小玲的家里热热闹闹的，既有人能帮忙买菜做饭，又能帮忙带娃，小玲下班回家后轻松不少。而小芳所有的时间都用在陪孩子上了，周末除了带孩子出去玩之外，还得收拾家、打扫卫生……再看看小玲就有更多自己的时间，也没有那么累。

而小玲一直非常羡慕没有和公公婆婆住在一起的小芳，她们婆媳之间没有那么多矛盾，而自己却常常因为生活中的小事与公公婆婆产生矛盾，特别是在对孩子的养育方法上，老人总是用原来的老方法管孩子，怕孩子出危险，什么也不让孩子碰。看着小玲一家三口什么事情都很容易达成一致，日子过得很温馨，小玲充满羡慕。

两年以后，小芳生了二孩，这下她可是忙不过来了，还得请婆婆来帮忙，但是两个孩子需要花费的时间和精力更多，并且两个孩子之间时常发生矛盾，这让小芳很着急。如果小芳和小玲向你咨询，你会给她们什么建议呢？

>> 学习内容

1. 了解在养育婴幼儿方面遇到的挑战和问题。
2. 理解核心家庭、三代家庭、多孩家庭对婴幼儿成长的影响。
3. 指导核心家庭、三代家庭、多孩家庭中的家长采用科学、有效的方式养育婴幼儿。

>> 学习初体验

对 0 ~ 3 岁婴幼儿的家长进行访谈，了解他们遇到的主要问题是什么？

>> 学习交流

和其他人交流一下你的调查结果。

>> 知识框架图

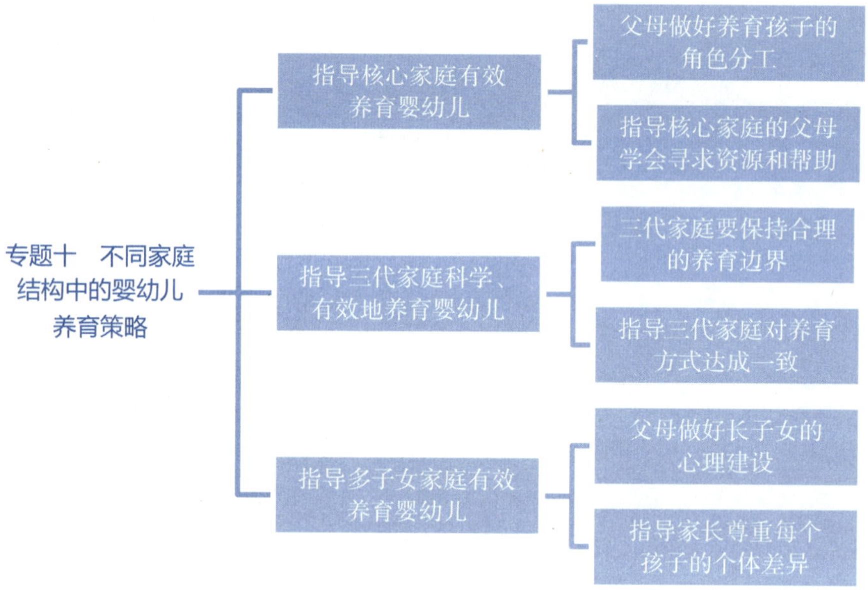

学习任务 10.1
指导核心家庭有效养育婴幼儿

随着楠楠的出生，楠楠的爸爸妈妈有了很多不同的想法：妈妈觉得孩子要按照书上养，一点儿也不能出错；爸爸却觉得孩子不能那么精细地照顾，反而会让孩子不健康。除了养育方法的差别之外，楠楠的爸爸妈妈还对谁主要做什么发生了分歧，爸爸觉得自己主要是陪着孩子玩，其他都是妈妈要做的，妈妈却不这么认为。此外，由于妈妈在日常生活中对孩子比较严格，因此孩子就会找爸爸寻求保护，为此妈妈常常指责爸爸溺爱孩子；当孩子有点不舒服的时候，妈妈就特别担心紧张，爸爸则说扛一扛就过去了。

如果楠楠的爸爸妈妈向你咨询，你会给出什么样的建议？

学习任务单

学习目标	1. 理解核心家庭中的父母在养育孩子时遇到的问题和挑战。 2. 掌握并指导核心家庭中的父母学会合理分工的方法。 3. 掌握并指导核心家庭中的父母寻求帮助的方法。
学习要点	1. 核心家庭养育孩子的关键挑战。 2. 有效指导核心家庭中的父母提升养育能力的具体方法。
学习时数	1 课时
学习建议	学习前：了解核心家庭中父母的分工及解决问题的具体做法。 学习中：结合本书中的具体方法，思考你观察到的核心家庭中父母的哪些做法是有效的。 学习后：能够指导核心家庭中的父母意识到分工是否合理以及处理冲突是否有效，并指导父母提升养育能力。
学习运用	在培训和与家长沟通时，以及在具体的托育工作中都可以使用。
学习反思	学习本内容之前，你对核心家庭的养育是如何理解的？学习之后，对你指导核心家庭中的父母有哪些具体的帮助？

一、父母做好养育孩子的角色分工

关键术语

家庭结构指的是家庭中成员的构成及其相互作用、相互影响的状态，以及由这种状态形成的相对稳定的联系模式。

社会中有不同的家庭结构，最为常见的是按照代际层次和亲属关系进行分类，可以分为核心家庭、三代家庭以及其他家庭类型。其中，核心家庭是指两代人组成的家庭，核心家庭的成员是夫妻两人及其未婚子女。三代家庭指的是祖父母、父母和未婚子女生活在一起的家庭模式。

在核心家庭中，家庭成员较少，家庭人际关系比较简单，对亲属网络的依赖性较小，没有老人或其他人帮忙带孩子，由父母承担对孩子的养育任务。因此，对父母之间的分工和养育能力就提出了比较高的要求与挑战。

扩展资料

《民法典》强调父母要共同抚养未成年子女。

第一编"总则"中的第二十六条规定："父母对未成年子女负有抚养、教育和保护的义务"，即父母双方对未成年子女的抚养责任是无条件的，在任何情况下都不能免除。

第五编"婚姻家庭"中的第一千零五十八条规定："夫妻双方平等享有对未成年子女抚养、教育和保护的权利，共同承担对未成年子女抚养、教育和保护的义务。"

（一）核心家庭中父母角色分工的现状及对孩子成长的影响 >>>

有些核心家庭中的父母对各自在子女教育中的任务分工不明确。另外，父母对各自在子女教育分工中的矛盾解决方式不一致，遇到孩子成长中出现的问题，父母双方常常会处于"易燃易爆炸"的状态。父母角色分工不良对孩子可能带来以下不良影响。

1. 夫妻关系不和谐，孩子缺乏安全感

父母因为角色分工不良而产生争吵、指责、抱怨等，会使孩子感到极大的不安，长此以往会导致孩子行为退缩，对人际关系产生戒备和抵触。他们甚至在长大后也会学习父母之间的相处模式，无法调动自身的资源去积极解决问题，而是逃避问题或者用暴力的方式解决问题。

2. 亲子关系不和谐，家长缺乏权威性

父母角色分工不良，一方过于严厉，另一方过于溺爱孩子。"扮红白脸""互相拆台"等现象，会使得孩子只信赖父母双方中的一方，而另一方在孩子心目中的地位会下降，降低父母在孩子心中的权威性。

3. 教育目标不一致，孩子无所适从

如果父母的教育目标不一致，教育子女时的言行不一致，孩子会陷入迷茫和混乱中。随着孩子慢慢长大，他们可能会开始揣摩父母的心理，看父母的脸色做出反应；或者处于自我保护的心理，牺牲自己的需求，讨好他人。

（二）指导核心家庭中的父母做好合理的角色分工 >>>>>>>>>>>

1. 父母达成一致的养育理念

父母作为成年人各自有其固着的思维方式和思想观念，因此在孩子出生后甚至出生前就应该进行充分的沟通，基于双方对未来家庭的期待、对将来父母双方养育孩子的角色期待，针对如何科学地养育孩子等教育理念进行协商，并达成一致。

父母双方要一起学习，不断更新儿童观和教育观，了解儿童权利，建立平等的亲子观，形成平等、尊重、理解、包容的家庭教育氛围。

父母双方应当相互理解和尊重，有理有据地陈述自己的想法，切忌一方将自己的想法强加于另一方身上，逼迫对方接受，产生适得其反的结果。

方法链接

如果对养育孩子的期待和观念比较迷茫，父母双方可以采取一起幻想未来的方式来进行自我梳理。

第一步：父母双方找到一个相对不受干扰的、放松的环境，可以是在自己的家里，也可以是在绿油油的草坪上。

第二步：双方一起畅谈未来。3 年或 5 年后的家庭是什么样子的？你们未来住在什么地方？你们有几个孩子？你们会经常带孩子去哪些地方？孩子哭了你们会怎么做？孩子不听话的时候你们会怎么做？……在憧憬未来时，越详细、具体越好。

第三步：畅谈结束后，双方可以彼此分享。自己为什么会产生这样的憧憬，在对未来的憧憬里自己的担忧是什么，后续如何解决，等等。

想一想

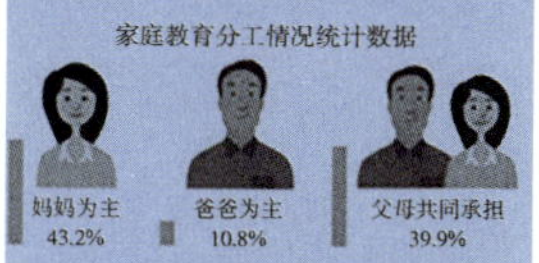

1. 数据反映了什么现象？

2. 你对这个数据有什么想法和看法？

（图片来源：《中国教育报》。数据来源：2015 年全国妇联儿童工作部组织的第二次全国家庭教育现状调查。）

2. 父母共同制订孩子成长计划

孩子的成长计划不仅是父母进行家庭教育的着力点，而且是孩子日后进行自我管理的起点。

首先，父母可以按照“小步子”的策略，划分 1 年、3 年、5 年的时间段，基于家庭和个人的成长需求来确定目标。

其次，可以先规划整个家庭的发展目标，再对孩子的教育和成长进行全方位的综合规划。

再次，孩子的成长计划应该随着孩子的成长而变化，孩子越小的时候目标就要越具体，越要有可执行性。父母双方讨论清楚基于目标应该先做什么再做什么，需要各自做什么，每天需要投入多少时间和精力，如何分工配合，等等。

最后，父母一起列出孩子成长目标清单，并定期一起给完成的目标打钩，甚至可以为双方的辛苦付出设计一些奖励和庆祝仪式，让孩子的成长过程成为夫妻关系和亲子关系的催化剂。

实践应用

分别调研 0～1 岁、1～2 岁、2～3 岁婴幼儿所在的核心家庭中的父母，了解他们是否为孩子的成长制订了计划。

	无计划	计划比较模糊	计划很清晰
0～1 岁			
1～2 岁			
2～3 岁			

3. 共同找到解决冲突的有效方法

在养育孩子过程中遇到矛盾和冲突是正常现象，当发生冲突的时候，父母可以参照以下建议。

首先，减少不当的做法，如当着孩子的面激烈地争吵、指责对方的过失等；将夫妻关系问题归因到孩子身上，这样的做法会增加孩子的心理负担，让孩子产生自责和内疚。

其次，要向对方明确表达自己的感受以及自己的需求，希望对方能够陪自己散散步，能够为孩子换尿不湿等。

再次，可以暂时先听某一方的建议或做法，在孩子面前形成统一的战线；事后父母和孩子一起召开家庭会议，共同商量决定此类事件后续应该怎么做。

最后，共同回顾之前遇到类似问题的时候什么方法是有效的，当时双方是怎样做的？这些方法能否用在之后的问题上。

实践应用

调研 0~3 岁婴幼儿所在的核心家庭中的父母，了解他们在养育孩子的想法或做法出现冲突时，主要采用什么方法解决？对这些方法进行归类和描述。

二、指导核心家庭的父母学会寻求资源和帮助

养育孩子的能力也是需要不断提升的，家长可以从多种途径获得帮助。

（一）自主学习提升养育能力

年轻的父母具有较强的自我学习意识。有调查显示，90% 以上的年轻父母最常用手机上网查阅家庭教育的知识和方法，其中频率最高的是阅读别人转载的文章和阅读订阅的公众号。

因此，核心家庭中的父母可以借助专业、权威的书籍和科学、系统的媒体资源来学习如何开展家庭教育。例如，了解婴幼儿各方面的成长特点、发展规律与相应的家庭教育策略，学习如何进行早期教育、智力开发、潜力培养、选择玩具和读物等。

系统、科学的新媒体学习平台包括家庭教育类或婴幼儿养育类、医疗健康类的微信公众号和手机应用程序等，它们图文音像并茂，互动性强，家长可以通过留言问答等形式与教育专家互动，随时随地解决家长在婴幼儿健康养育护理、家庭教育指导等方面的难题。

实践应用

1. 专业、权威的书籍有《读懂孩子——心理学家实用教子宝典（0~6 岁）》《婴幼儿养育全书》《好妈妈胜过好老师》《童年的秘密》《儿童的人格教育》等；阅读其中的一些书，选择 1~2 本你认为最值得向家长推荐的书，并说出理由。

2. 请你查阅并推荐更多的专业书籍或者手机应用程序等工具，写出你推荐的理由。

（二）借助专业机构的资源和指导 >>>>>>>>>>>>>>>>>>>>>>>>>

目前我国权威的家庭教育机构能够提供关于儿童的合法权利、儿童的卫生与营养、儿童的早期启蒙等方面的家长讲座和咨询、交流平台、亲子公益活动等支持与服务。

父母可以在网络上查询全国妇联、教育部、中央文明办 2012 年命名的 300 个“全国示范家长学校（家庭教育指导中心）”名单，或者通过自己所在区域的妇联、教育局、家庭教育研究会等网站查询本地的家庭教育指导中心地址及服务信息，从而借助上述家庭教育权威机构的指导，了解 0～3 岁婴幼儿的年龄特点，树立科学育儿的理念，学习科学育儿的方法，形成良好亲子关系，全面提升家庭教育质量。

实践应用

1. 搜索当地的家庭教育指导中心或其他机构，列出清单。

2. 向有需要的家长推荐上述专业机构，并写出你想要推荐的 2～3 个机构的名称及理由。

（三）寻求亲朋好友的帮助 >>>>>>>>>>>>>>>>>>>>>>>>>>>>>

年轻父母在养育子女的时候也可以向自己的父母、亲戚、朋友等寻求家庭教育的建议和帮助，可以向他们学习和借鉴养育子女的经验与教训。

年轻父母积极与亲朋好友沟通交流，可以缓解自己的焦虑情绪，发泄自己在遭遇育儿难题时积攒的各种负面情绪，有利于心理健康和家庭和谐。

需要注意的是，亲朋好友的建议并不一定完全适合自己的孩子，这些建议有其局限性。父母要根据孩子的发展特点和规律，有选择地采纳亲朋好友的建议，“取其精华，去其糟粕”，不能盲目听信。对于某些自己一时无法分辨的建议，可以查阅书籍或者咨询专家后再决定是否采纳。

思考与练习

1. 什么是核心家庭？
2. 核心家庭中的父母角色分工不良对孩子有什么影响？
3. 核心家庭中的父母如何进行角色分工？
4. 核心家庭中的父母如何共同应对育儿挑战？
5. “一个唱红脸，另一个唱白脸”，在家庭中，父母这样的角色分工正确吗？
6. 父亲较少参与孩子的家庭教育，会对孩子有什么影响？
7. 核心家庭中的父母获得帮助的途径有哪些？

学习任务 10.2
指导三代家庭科学、有效地养育婴幼儿

明明的妈妈在产假到期后，请婆婆帮忙看孩子，她在上班的时候每隔 2 小时就要给家里打电话，询问明明是不是喝水了，午饭吃得怎么样？但是过了一段时间，明明的妈妈发现自己不太认可婆婆养孩子的方法，但是婆婆还坚持说这些方法都是对的，肯定没问题。所以上班后，明明的妈妈还是不放心，频繁地打电话叮嘱老人。

毛毛的妈妈也刚休完产假上班，在跟明明的妈妈聊天的时候，说自己的婆婆倒是什么都听自己的，但是又太小心了，做什么都要先问自己，不敢擅自做决定。

明明的妈妈和毛毛的妈妈都有一些困惑和担心，如果她们向你寻求帮助，你会给她们什么建议？

学习任务单

学习目标	1. 了解三代家庭养育中遇到的主要问题和挑战。 2. 掌握指导三代家庭进行合理角色分工的策略。 3. 掌握指导三代家庭达成一致的养育方式的策略。
学习要点	1. 理解三代家庭养育挑战及其原因。 2. 掌握指导三代家庭科学、有效养育婴幼儿的具体方法，并能够应用与实践。
学习时数	1 课时
学习建议	学习前：了解三代家庭在养育孩子过程中的主要问题和冲突来源。 学习中：结合书中给出的方法，思考在生活中三代家庭养育孩子的方法哪些是科学、可取的，哪些是需要改进的。 学习后：能够将学习到的方法应用到具体的工作和指导家长中。
学习运用	在培训和与家长沟通时，以及在具体的托育工作中都可以使用。
学习反思	你之前对三代家庭养育孩子有怎样的认识和理解？学习之后，对你有哪些具体的启发和帮助？

一、三代家庭要保持合理的养育边界

扫码学习
"三代家庭合理的养育边界"

在三代家庭中，年轻父母、孩子和祖辈居住在一起共同生活，对于养育孩子的任务和责任的边界达成比较一致的养育方式极为重要。

（一）三代家庭中养育边界的类型及对孩子成长的影响 >>>>>>>>

根据年轻父母和祖辈之间养育任务与责任边界的划分，目前三代家庭中的养育边界可以划分为“孩子完全由父母养育”“孩子完全由祖辈养育”“父母和祖辈共同养育”三种类型。在三代家庭中，可能出现比较多的是年轻父母将养育孩子的责任更多地转移到祖父母身上，或者祖父母过多地干预年轻父母的养育过程，用自己原来的方式养育孩子。在三代家庭中，如果养育边界不清，就可能会对孩子的成长带来不良影响。

1. 影响孩子的身体及运动功能发展

父母如果将孩子完全交给祖辈，祖辈对孩子养育可谓“小心翼翼”和“无微不至”。但是祖辈可能过于担心和紧张孩子的安全问题，害怕孩子出现摔倒、磕碰等情况，因此他们通常限制孩子活动的范围和接触的事物，这不仅影响孩子正常的运动和玩耍，而且会阻碍孩子身体感知和运动功能的发展。

2. 影响孩子的独立性和自主性发展

有的父母或者祖辈会出于平时无法全身心照顾孩子的愧疚感和补偿心理，想要把最好的东西给予孩子，无条件地满足孩子的要求，帮孩子代劳他们生活中的所有事情。“爷爷奶奶帮你……放着我来……”“你太小还不会用……”在这种情况下，孩子成了家里“衣来伸手，饭来张口”的小公主或者小王子，对别人的帮助产生强烈的依赖感，逐渐失去了生活的自理能力和适应能力，也失去了对外界事物的好奇心和探索的动力，影响孩子的独立性和自主性的发展。

3. 影响孩子产生积极、愉悦的情绪

如果家庭中养育边界不良，家庭矛盾冲突增加，孩子获得关爱的时间和程度不一致，使得孩子与父母之间的关系较为疏离，发展成为矛盾型或者回避型的依恋关系，容易产生自我怀疑、焦虑不安、紧张的情绪，不利于孩子在未来的学习和生活中与其他人建立良好的人际关系与亲密关系。

实践应用

调研身边的三代家庭分别属于哪种养育边界类型？家庭成员中谁管得更多？

（二）指导三代家庭保持合理的养育边界 >>>>>>>>>>>>>>>>>>

1. 父母是养育孩子的第一责任人

年轻的父母要意识到养育孩子的责任是自己的，而非祖辈的，不能以工作繁忙和缺乏育儿经验为借口，将孩子的养育完全交给祖辈或者太依赖祖辈的帮助。

祖父母的陪伴无法完全替代父母的陪伴，年轻的父母要亲自照顾和陪伴孩子，

满足孩子的情感需求，多与孩子交流、互动，建立起高质量的亲子关系。

2. 明确养育过程中的任务分工

年轻父母可以和祖辈沟通协商，做到养育任务角色分明、主次清晰。

首先，应该明确家庭的养育任务——父母为主，祖辈为辅。年轻父母可以适当借助祖辈的经验和帮助，祖辈要尊重年轻父母的教育观念，不过度干涉年轻父母的教育举措。

其次，应该明确家庭的养育内容——父母负责孩子的教育方面，如习惯培养、个性教育、兴趣培养等，祖辈负责孩子的饮食起居等生活方面。

最后，应该合理安排养育的时间安排——父母和祖辈负责不同的时间段。一般而言，父母可以在工作日的晚上、休息日照顾孩子，祖辈可以在工作日的白天照顾孩子。

实践应用

调研身边的三代家庭，了解这些三代家庭中的祖辈和父母在养育孩子方面是如何分工的?

二、指导三代家庭对养育方式达成一致

（一）积极向祖辈普及科学的养育知识和方法 >>>>>>>>>>>>>

首先，年轻父母要意识到，祖辈都是为了孩子的健康成长而采取了他们自己认为正确的养育方式，年轻父母要尊重祖辈的良苦用心，不要因为方式不同就相互排斥。

其次，年轻父母还可以主动、耐心地给祖辈举例说明不科学喂养孩子会如何影响其身体发育，一味溺爱孩子的做法对孩子个性发展的不良影响等内容；引导祖辈和父母一起有原则地教育孩子，不事事迁就孩子，从小培养孩子良好的行为习惯和建立是非观念，分清什么事情该做，什么事情不该做。

最后，除此之外，年轻父母还要及时肯定、认可、赞赏祖辈有效的做法，挖掘祖辈身上的优良品质，如勤俭节约、诚实守信等，一起给孩子树立榜样，让孩子从小耳濡目染。

（二）减少过度担忧，鼓励祖辈放手养育 >>>>>>>>>>>>>>>>

首先，减少负面暗示。有的年轻父母不太放心祖辈的养育方式，在离家上班前总是千叮咛万嘱咐，使得祖辈内心紧张不已，在养育孩子的过程中有所顾忌，担心有闪失而被责怪，只能事事依着孩子，处处保护孩子。因此，年轻父母需要鼓励祖辈大胆放手，尝试让孩子自己穿衣、吃饭，不因为孩子哭闹就迁就和满足孩子的不合理要求，不因为孩子年龄小就包庇孩子的错误行为。

其次，年轻父母下班回家后，减少对祖辈的抱怨，多询问今天发生的好玩的事情，与孩子一起感谢祖辈的付出，这样祖辈才能越做越好。

（三）召开家庭会议，正向沟通，求同存异 >>>>>>>>>>>>>>>>

首先，当父母和祖辈在养育孩子的过程中出现分歧的时候，不要当着孩子的面争吵，也要避免不分青红皂白地直接相互指责或者命令对方应该如何做，这样容易激化双方的矛盾。

其次，父母和祖辈可以先各自冷静一下或者以冷静委婉的口吻劝说对方暂停争吵，然后召开家庭会议。在相互尊重、理解的前提下，父母和祖辈坦诚地交流彼此的想法与感受，分析父母和祖辈的教育观念与教育方法各有哪些不妥之处、可取之处，双方如何合作才能解决当前教育过程中出现的问题，下次再遇到这种情况如何处理，并且相互监督，这样才能达到统一家庭教育共识，形成家庭教育合力的目的。

思考与练习

1. 三代家庭中养育边界的现状如何？
2. 三代家庭中养育边界不良会对孩子造成什么影响？
3. 三代家庭中如何保持合理的养育边界？
4. 三代家庭中如何达成一致的养育方式？
5. 父母是第一责任人，祖辈只是“好帮手”，这样的说法正确吗？
6. 主题讨论：你如何看待“隔代亲”的现象？
7. 主题讨论：你如何看待“奶奶带着孩子去跳广场舞”的现象？

学习任务 10.3
指导多子女家庭有效养育婴幼儿

弟弟出生后，2 岁半的小花渐渐发现自己原本享受的关爱全都被弟弟夺走了，自己心爱的玩具也给了弟弟。更让小花苦恼的是，爸爸妈妈经常说“弟弟还小，你让着他点”“你自己玩，妈妈要照顾弟弟”，这样的话不绝于耳。她感到失落、委屈却无处诉苦，慢慢地从一个活泼开朗的孩子变成了任性、爱发脾气的孩子。有时候还出现了很多不符合她年龄的表现，如非要家长抱着睡觉，原来晚上都能自己起来去厕所了，现在非要穿尿不湿睡觉，等等。

小花的父母既不明白导致小花性格发生变化的原因，也不知道如何应对……如果小花的父母向你咨询，你会如何解释小花的行为，给她的父母什么建议？

学习任务单

学习目标	1. 了解多子女家庭养育中遇到的主要挑战和问题。 2. 掌握并指导家长做好长子女心理建设的方法。 3. 掌握并指导家长根据孩子的特点进行差异化教育的方法。
学习要点	1. 理解长子女的心理需要。 2. 指导家长掌握保持公平、尊重差异的教育原则的做法。
学习时数	1 课时
学习建议	学习前：调研并思考多子女家庭养育过程中的核心问题和挑战。 学习中：结合书中介绍的方法，思考现实中多子女家庭家长的哪些做法是科学、合理的。 学习后：能够为多子女家长解答困惑，并指导他们采用有效的方式优化自己的养育方式。
学习运用	在培训和与家长沟通时，以及在具体托育工作中都可以使用。
学习反思	对于多子女家庭遇到的养育方面的挑战，你之前有过思考吗？学习之后，对你指导多子女家庭有哪些具体的帮助？

家庭中第二、第三个孩子的到来，既是一件值得庆贺的事情，也对父母投入在家庭教育中的时间、精力，以及能力、方法提出了更高的要求。

首先，使得原本的家庭结构发生了改变，家庭的人际关系也随之改变；其次，家庭成员的责任和分工也会有所变化，父母需要面对同时养育多个孩子的任务；最后，家长对待多个孩子的态度、期望等，也会对孩子的情绪和行为产生影响，家长尤其需要关注孩子的心理健康和人格健全发展。

一、父母做好长子女的心理建设

父母除了要考量家庭的经济水平、夫妻的养育能力之外，也要关注长子女的心理感受，做好长子女的心理建设。

（一）生育二孩、三孩，对长子女心理的影响 >>>>>>>>>>>>>>

1. 家庭地位转变，可能引发孩子的情绪变化

在弟弟 / 妹妹尚未出生之前，长子女处于家庭中的“核心地位”，几乎受到所有家庭成员的宠爱。在二孩、三孩出生之后，长子女的家庭地位受到了“威胁”，甚至“一落千丈”。父母不再全身心地呵护自己，家庭成员不再“围着自己团团转”，而且需要转变为哥哥 / 姐姐的角色，甚至承担照顾弟弟 / 妹妹的部分任务。作为长子女，他们可能一时无法接受种种变化，导致应激反应的产生，如消极体验增加、安全感减少，出现情绪紧张、暴躁不安，或者情绪低沉、沉默少言，或者莫名悲伤、偷偷哭泣等现象。

2. 孩子渴望关注，因此容易引发孩子的问题行为

长子女会通过不同的行为达到被关注的目标，用“我比弟弟 / 妹妹更好”的方式来博得家长的赞美；有的孩子会出现哭闹不停，攻击性行为（打架、易激惹），

破坏性行为（摔玩具），退化性行为（尿床、吃手指），嫉妒行为（排斥、攻击弟弟/妹妹）等情况，来博得家长的注意，争取自己的权利。

3. 父母偏心容易导致孩子的个性变化

在二孩、三孩家庭中，有的父母会认为长子女就要处处让着弟弟/妹妹，否定长子女的正当要求，过分要求长子女应该谦让等。在这样的情况下，长子女可能对父母产生不满和怨恨的心理，原本活泼开朗的孩子会转变并展现出某些不良的个性特点，如自卑敏感、封闭孤僻、木讷寡言、不安多疑、争宠善妒等，有的个性极端的长子女会因此产生自残、自伤行为。

> **关键术语**
>
> 退行是指人们在受到挫折或面临焦虑、应激等状态时，放弃已经学到的比较成熟的适应技巧或方式，而退行到使用早期生活阶段的某种行为方式，以原始、幼稚的方法来应付当前情景，降低焦虑。

扫码学习
"退行行为"

（二）指导家长有效做好长子女的心理建设 >>>>>>>>>>>>>>>>

父母需要在弟弟/妹妹出生前和出生后多与长子女沟通、交流，体会和关注长子女的感受与需要；引导长子女培养对弟弟/妹妹的感情，给长子女一定的心理预期和心理准备。

1. 尊重长子女对是否生育二孩、三孩的意见

父母计算生育二孩的时候，需要提前和长子女进行沟通，引导长子女做好准备，如以未来弟弟/妹妹的名义给孩子赠送礼物，带领孩子去幸福的二孩家庭做客。

2. 让长子女参与弟弟/妹妹的孕育和养育过程

首先，母亲怀孕之后，可以借此机会激发长子女对于新生命的好奇心和期待感，可以耐心解答长子女“弟弟/妹妹是从哪里来的”等关于怀孕、分娩的问题。

其次，父母还可以和长子女一起猜想妈妈肚子里的孩子是弟弟还是妹妹，一起阅读关于婴儿出生、兄弟姐妹团结相处的绘本，一起给即将出生的弟弟/妹妹购买生活用品、布置婴儿房等。

再次，父母可以举行庆祝新生儿到来以及长子女成为哥哥/姐姐的仪式，请长子女一起为弟弟/妹妹起名字，在喜悦的氛围中正式赋予长子女哥哥/姐姐的身份。

最后，父母还可以和长子女一起观察弟弟/妹妹每天的成长变化，教长子女如何正确、温柔地抚摸、拥抱弟弟/妹妹，增加他们肢体上的亲密接触，感受生命成长的喜悦，逐渐培养他们之间的感情。

> **练一练**
>
> 调查已经有两个或三个孩子的家庭，父母在长子女心理建设方面做了哪些准备？

3. 接纳长子女各方面的变化，关注、陪伴长子女

首先，父母可以设定“特别时刻”，在这个时刻专心地陪伴长子女。父母可以多陪伴长子女，一起交流最近的感受和想法，向长子女解释自己的一些做法的原因，消除长子女和父母之间的误会以及长子女认为父母不爱自己、弟弟/妹妹抢

走了父母等错误的想法。

其次，父母还可以将弟弟 / 妹妹交给祖辈照顾一段时间，单独带长子女出去玩耍或者旅行，让长子女享受和父母独处的幸福，感受到父母对自己的爱意并没有减少。

最后，引导弟弟 / 妹妹尊重哥哥 / 姐姐，在进入哥哥 / 姐姐房间或使用哥哥 / 姐姐物品的时候，要先询问哥哥 / 姐姐的意见。

二、指导家长尊重每个孩子的个体差异

> **知识链接**
>
> 阿德勒的出生顺序效应理论指出，在家庭环境中，出生顺序不同、加之父母采取不同的教养方式，孩子为了取得父母关注而进行竞争，可能会导致孩子形成不同的人格和行为特点，形成不同的社会态度以及家庭情感，在个性方面表现出较为明显的差异。

（一）指导家长理解每个孩子的个体差异 >>>>>>>>>>>>>>>>>>

1. 生理发育速度有差异

即使在同一个家庭中，每个孩子的发育速度和程度也可能不同。例如，长子女可能在他（她）1 岁的时候就已经能够走路和说话，而次子女在 1 岁的时候可能还在爬行阶段，只能牙牙学语，发展水平和速度较长子女在同等年龄时慢，此时父母不必焦虑，顺应孩子的发展速度即可。

2. 每个孩子的个性特点也可能不同

由于个体本身发展水平存在差异，以及父母的期待和要求，不同孩子的个性也会表现出差异。

父母的期待和要求，以及“要做弟弟 / 妹妹的榜样”“要照顾弟弟 / 妹妹”等类似的语言暗示，往往导致长子女听话懂事，不敢犯错误，认同权威的规则和要求，害怕让父母失望，希望得到父母的认可；而次子女在成长中要接触多名不同的照顾者，因此次子女的适应能力较强，反应灵活，更加乐观，喜欢冒险和挑战。

3. 孩子成长中的性别差异

首先，性别不同的婴幼儿在发育与成熟的速度、生理机能、身体形态及运动机能等生理方面存在明显的差异。比如，女孩在感知觉方面优于男孩，女孩的嗅觉和听觉也比较敏感；女孩说话比男孩早，且词汇丰富，言语缺陷较男孩少；男孩的视感和辨别方位的能力高于女孩；等等。

其次，性别不同的婴幼儿在个性特点、气质特征方面也存在明显的差异。由于荷尔蒙分泌的差异，男孩具有更高的唤醒水平和活动水平；由于大脑发育的差异，女孩的神经发育比男孩成熟，使她们对周围环境更为警惕，通常表现为，从婴儿期至学步期，女孩的反应性更强，节律性更强，更容易感到紧张、害怕；男孩对外界充满兴趣，更富有冒险性。

> **练一练**
>
> 访谈有两个或三个孩子的家长，询问他们的几个孩子有哪些差异？具体表现在哪些方面？

（二）指导家长顺应每个孩子的个体差异 >>>>>>>>>>>>>>>>>>

1. 首先做到一视同仁，公平公正

首先，父母要做到不重男轻女。婴幼儿虽然性别不同，但同样是父母的孩子，应该享受平等的被养育权利。父母不应该太过偏向于男孩，给男孩更多的经济付出和教育付出，过分要求女孩谦让和承担照顾男孩的重任。

其次，父母要做到不重小轻大。虽然年幼的次子女需要父母的关心和照料，但是父母要注意自己不自觉的偏爱行为。父母在日常生活中，可以买同样的几份东西给孩子，好吃好玩的东西也平均分配给每个孩子，给予每个孩子赞美和鼓励，不要让长子女牺牲自己的需求来满足次子女的需求，要让子女感受到父母对他们付出了同等的关爱。

最后，父母要公平地处理长子女和次子女之间的矛盾。面对孩子们由于争夺父母的关爱、争夺玩具或食物等发生的矛盾，父母不应该不分青红皂白地批评某一方，而要关注孩子们的内心需求，允许和鼓励他们表达自己的想法与感受，引导他们自己想出解决矛盾的办法——“我知道你很生气很委屈，你想怎么做？这么做对哥哥 / 姐姐或弟弟 / 妹妹公平吗？”

2. 因材施教，各展所长

实践应用

希希是姐姐，7 岁了，平时特别自律，自己的事情自己做，而且特别喜欢数学、科学类的知识，做自己喜欢的事也能坚持，但是希希的情绪特别敏感。妈妈又生了一个弟弟聪聪，不久后妈妈发现，聪聪的情绪特别稳定，不容易哭闹，但是做事不能坚持，也不喜欢挑战类的活动。妈妈有时候拿姐姐的标准要求弟弟。

想一想：希希的妈妈的做法对孩子有什么影响？

首先，不能将养育长子女的经验完全套用在养育其他子女的身上。每个孩子有自我的生物节律和成长特点，适合长子女的教育方式和教育方法不一定就适合其他子女，父母不要过多借鉴并依赖于以往的经验。同时，父母要注意避免“头胎照书养，二孩照猪养”的想法，不能因为有了一些经验就忽视了孩子的需求，应将理论和实践相结合，要根据孩子本身的特点和情况调整养育方法。

其次，不能相互比较。父母要意识到几个孩子之间存在各种各样的差异是正常的，这些差异之间没有高低好坏之分，也无须厚此薄彼。父母应该鼓励和表扬每个孩子身上的优点，为孩子设置不同的发展目标和期望值。如果父母经常将几个孩子进行比较，使得一方更加自卑无助，另一方更加骄傲自满，会进一步强化几个孩子之间的竞争和敌对关系。

最后，要因材施教。父母可以细心观察孩子最关心什么，最喜爱什么，在尊重孩子的个性和优势的基础上，针对孩子不同的特点采取不同的教育手段。

思考与练习

1. 父母为什么要做好长子女的心理建设？
2. 父母如何做好长子女的心理建设？
3. 父母为什么要对两个孩子进行有差异的教育？
4. “头胎照书养，二孩照猪养”，这样的观点正确吗？
5. “你是姐姐，要让着弟弟”，这样的说法正确吗？
6. “你姐姐小时候比你听话，比你聪明”，这样的说法正确吗？

专题小结

本专题讨论了不同家庭结构中的育儿现状及其给孩子的成长造成的影响；探讨了核心家庭中的父母如何做好角色分工，如何寻求外界帮助；三代家庭如何保持合理的养育边界并达成一致的养育方式，以及多子女家庭如何做好长子女的心理建设和尊重每个孩子的发展差异，从而全面促进婴幼儿的健康发展。

学习评价与反思

学完这个专题，你在理解不同家庭结构的养育方面有哪些新的思考和收获？请完成以下表格。

自我评价，从 1 到 5 代表你对本专题理解或掌握的程度越来越好，根据你的学习情况在相应的数字下打“√”。

	1	2	3	4	5
知识					
技能					
新启发					

参考文献

1. 阿尔弗雷德·阿德勒 . 自卑与超越 [M]. 马晓娜，译 . 北京：北京联合出版公司，2016.

2. 埃文斯（Evans，D.）. 情感密码 [M]. 石林，译 . 北京：外语教学与研究出版社，2015.

3. 贝蒂（Beaty，J. J.）. 幼儿发展的观察与评价（第 7 版）[M]. 郑福明，费广洪，译 . 北京：高等教育出版社，2011.

4. 但菲，刘彦华 . 婴幼儿心理发展与教育 [M]. 北京：人民出版社，2008.

5. 丁海东 . 学前游戏论 [M] 济南：山东人民出版社，2001.

6. 弗朗索瓦兹·多尔多 . 儿童的利益——学会如何尊重孩子 [M]. 王文新，译 . 上海：上海社会科学院出版社，2009.

7. 黄河清 . 家庭教育学 [M]. 上海：华东师范大学出版社，2014.

8. 比格纳（Bigner，J. J.）. 亲子关系——家庭教育导论（第 8 版）[M]. 郑福明，冯夏婷，译 . 北京：高等教育出版社，2012.

9. 卡耐基 . 人性的弱点 [M]. 陶曚，译 . 天津：天津人民出版社，2014.

10. 肯特·霍夫曼（Kent Hoffman）等 . 养育有安全感的孩子 [M]. 李紫嫱，译 . 北京：机械工业出版社，2020.

11.《快乐入学适应手册》编写组 . 快乐入学适应手册 [M]. 南京：江苏教育出版社，2013.

12. 居伊·勒弗朗索瓦（Guy R. Lefrancois）. 孩子们——儿童心理发展（第九版）[M]. 王全志，等译 . 北京：北京大学出版社，2004.

13. 林崇德 . 发展心理学 [M]. 杭州：浙江教育出版社，2002.

14. 琳达·梅特卡夫 . 奇迹问句：闪耀的心灵之光 [M]. 吴洪健，译 . 北京：北京师范大学出版社，2017.

15. 蒙台梭利 . 蒙台梭利教育法 [M]. 霍力岩，等译 . 北京：中国人民大学出版社，2008.

16. 庞丽娟，李辉 . 婴儿心理学 [M]. 杭州：浙江教育出版社，1993.

17. 彭聃龄 . 普通心理学 [M]. 北京：北京师范大学出版社，2012.

18. 钱玲娟 . 玩具伴孩子健康成长 [M]. 北京：人民卫生出版社，2000.

19. 乔尼丝·韦布（Jonice Webb），克里斯蒂娜·穆塞洛（Christine Musello）. 被忽视的孩子：如何克服童年的情感忽视 [M]. 王诗溢，李沁芸，译 . 北京：机械工业出版社，2018.

20. 孙瑞雪 . 捕捉儿童敏感期 [M]. 天津：新蕾出版社，2004.

21. 汪培珽 . 喂故事书长大的孩子 [M]. 南宁：广西科学技术出版社，2011.

22. 王芳 . 幼儿入园必读 [M]. 杭州：浙江大学出版社，2007.

23. 威廉·斯蒂克斯鲁德（William Stixrud），奈德·约翰逊（Ned Johnson）. 自驱型成长：如何科学有效地

培养孩子的自律 [M]. 叶壮，译 . 北京：机械工业出版社，2020.

24. 谢弗（Shaffer，D. R.）等 . 发展心理学——儿童与青少年 [M]. 邹泓，等译 . 北京：中国轻工业出版社，2016.

25. 约翰・罗斯蒙德 . 可怕的两岁 [M]. 张凯飞，侯卫蔚，译 . 北京：北京科学技术出版社，2017.

26. 詹姆斯・约翰森，詹姆斯・克里斯蒂，弗朗西斯・华德 . 游戏、儿童发展与早期教育 [M]. 马柯，译 . 南京：南京师范大学出版社，2013.

27. 张海丽，赵喜庆 . 幼儿心理与行为指导（第二版）[M]. 北京：中国劳动社会保障出版社，2014.

28. 张文新 . 儿童社会性发展 [M]. 北京：北京师范大学出版社，1999.

29. 赵刚，王以仁 . 中华家庭教育学 [M]. 北京：研究出版社，2016.

30. 周宗奎 . 现代儿童发展心理学 [M]. 合肥：安徽人民出版社，1999.

扫码看

"思考与练习参考答案"